Claus Krämer

Mythen und Sagen der Kelten

Claus Krämer

Mythen und Sagen der Kelten

REGIONALIA
VERLAG

2. Auflage 2020
Claus Krämer: Mythen und Sagen der Kelten
Regionalia Verlag, ein Imprint der Kraterleuchten GmbH, Gartenstraße 3, 54550 Daun

Layout und Satz: Handverlesen – Alexandra Ihmig, Königswinter
Einbandgestaltung: Björn Pollmeyer
Coverabbildung: © iStock.com/littleny

Gedruckt auf feinstem Schleipen-Papier aus deutscher Herstellung
Hergestellt in der Europäischen Union, Finidr, CZ

ISBN 978-3-95540-269-3

MIX
Papier aus verantwortungsvollen Quellen
FSC® C014138

REGIONALIA
VERLAG
www.regionalia-verlag.de

Inhalt

Vorwort

Die Anziehungskraft, die das Keltische auf die Menschen der heutigen Zeit ausübt, ist enorm. Woher kommt das? Auf diese Frage dürfte es viele Antworten geben.

Die keltische Kunst ist zeitlos schön und spricht nicht nur das Auge, sondern oft auch das Unterbewusste an; denn sie ist nicht oberflächlicher Schmuck, sie ist voller universeller Symbole, die zum Deuten einladen. Das Gleiche gilt für die Mythologie, für die Sagen, Legenden und Märchen. Auch hier bleibt nichts an der Oberfläche.

Die alten Erzählungen gehen oft tief, enthalten versteckte Botschaften. Die keltische Mythologie ist bunt, vielfältig, überraschend, voller Geheimnisse.

Reine Historiker mögen sie der Antike zuordnen – wer sich jedoch mit wachen Sinnen für Sagen und Legenden interessiert und ein wenig Bescheid weiß über die keltische Kultur, der wird viele ihrer Elemente in den Geschichten wiederfinden, mit denen die Generationen der letzten zwei Jahrhunderte und wohl auch der Epochen zuvor aufgewachsen sind.

Dieses Buch wurde geschrieben, um der Leserschaft die Zusammenhänge zwischen damals und heute ein wenig näherzubringen. Keltische Mythen und Sagen, auch die Märchen, die später teilweise aus ihnen entstanden, können für uns der Zugang zu einer Welt sein, die uns einerseits fremd, andererseits aber auch vertraut erscheinen mag. Die viele Deutungs- und Erklärungsversionen zulässt.

Lesern, die sich bisher kaum oder nur oberflächlich damit beschäftigt haben, was keltisch ist, geben wir als Einstieg eine kurze Übersicht über »die Kelten« – Letzteres bewusst in Anführungszeichen gesetzt, denn wir haben es hier nicht mit einem einheitlichen Volk im klassischen Sinne zu tun. Beim Lesen wird schnell klar, dass die Mythologie in der heutigen Sichtweise ein wesentlicher Faktor des Keltentums ist.

Die Übergänge zwischen Mythos, Sage und Märchen sind häufig fließend. Wo hört das eine auf, wo fängt das andere an? Jeder aufgeklärte Mensch weiß, dass ein Märchen eine erfundene Geschichte ist. Beim Mythos kann man da nicht so sicher sein. Eine Sage hat oft etwas mit außergewöhnlichen Orten zu tun. Und eine

Legende geht nicht selten auf eine Begebenheit zurück, die tatsächlich stattgefunden hat. In der Antike wie auch im Mittelalter und noch bis ins 19. Jahrhundert hinein wurde vieles geglaubt, was man heute dem Bereich der Fantasie zuordnet. Wir wollen in diesem Buch nicht strikt trennen, handelt es sich doch immer um Erzählungen.

In keltischer Zeit hat man den Menschen die Welt erzählt. Die Welt und die Anderswelt. So konnten sie sich selbst einordnen. Doch irgendwann wurde das, was über Jahrhunderte erzählt worden war, aufgeschrieben. Irische Mönche machten sich zu Beginn des Mittelalters an diese Arbeit. Später griffen Minnesänger, Troubadoure und mittelalterliche Dichter uralte Themen auf, reicherten sie mit ihrer eigenen Fantasie an und passten sie in die Zeit ein, in der sie selbst lebten. So gingen die Geschichten auf Reisen, quer über den Kontinent. Die Vielfalt und Menge der keltischen Erzählungen kann man nicht in einem einzigen Buch vorstellen, man würde dafür ganze Regalreihen benötigen. Wir haben daher hier eine Auswahl getroffen und ein paar unterschiedliche zusammengestellt.

Auf den Einstieg folgt das Thema »Anderswelt«, denn kaum eine keltische Geschichte kommt ohne das Land der Götter, Feen und Elfen aus. Wie stark die keltische Vorstellung von der anderen Wirklichkeit auch unsere beliebten Volksmärchen beeinflusst hat, erläutern und analysieren wir am Beispiel von »Frau Holle«.

Danach schauen wir uns die Göttinnen und Götter der verschiedenen Regionen an und widmen uns anhand einiger ausgesuchter Beispiele dem sehr umfangreichen Mythen-, Sagen- und Märchenschatz der Britischen Inseln. Von dort richten wir unseren Blick auf den Heiligen Gral und am Ende auf die in ihrem Kern durch und durch keltische Artuslegende mit ihren literarischen Ablegern im Mittelalter.

Einführung in die Thematik

Wer waren »die Kelten«?

Als Nation im herkömmlichen Sinn hat es sie nie gegeben. »Die Kelten« als Volk noch viel weniger. Und deshalb ist es im engen Sinne gar nicht richtig, wenn wir pauschal von »den Kelten« schreiben und sprechen. Der Einfachheit halber tun wir dies in diesem Buch trotzdem, wir bitten um Nachsicht. »Eisenzeitler« oder »Eisenzeitmenschen« klingt uns zu trocken. Denn die Eisenzeit ist die historische Epoche, in der das Keltentum seine Blütezeit in Europa erlebte.

Im fünften Jahrhundert n. Chr. begann das Mittelalter, es dauerte rund 1 000 Jahre. Mit Ausnahme von Irland, Schottland, Wales, einigen kleineren Inseln und Teilen der Bretagne war die antike keltische Kultur spätestens ab dem Jahr 500 passé. Davor gab es jedoch mehr als 1 000 Jahre, in denen sich ein großer Schatz an Erzählenswertem entwickeln konnte.

Eine Kultur voller Vielfalt

Wenn wir vom Keltentum sprechen, dann ist damit in erster Linie eine Kultur gemeint, die weite geografische Regionen umfasst. Griechische Nachbarn verwendeten als erste den Begriff *Keltoi* und es heißt, dass er später von zumindest einigen keltischen Stämmen zur Selbstbezeichnung übernommen wurde.

Diese Kultur nahm ihren Anfang irgendwann in der Antike. Wann genau, weiß niemand. Historiker sind der Ansicht, dass das Keltische etwa ab dem achten vorchristlichen Jahrhundert greifbar ist. Im Salzburger Raum finden sich seine frühesten Spuren. Natürlich war das, was man heute als »Hallstattkultur« bezeichnet (nach dem Ort am gleichnamigen See benannt), nicht von heute auf morgen aus dem Nichts entstanden, die Entwicklung der Kultur hat sicherlich einige Jahrhunderte gedauert. Allerdings gibt es kaum noch ältere Spuren, die dieser zuzuordnen sind.

Die ersten Kelten trieben unter anderem einen regen Handel mit Salz, das sie in der Region unterirdisch abbauten. Wer schon einmal im Raum Salzburg, Hallein, Berchtesgaden oder Bad Reichenhall gewesen ist, hat gesehen, welche Rolle das Thema Salz dort im Laufe der Geschichte gespielt hat und heute noch spielt. Der Handel mit dem weißen Gold führte in dieser Region zu Wohlstand, zumindest für die höheren Schichten. Materieller Besitz ist eine gute Basis für kulturelle Entwicklungen, denn wer nicht von der Hand in den Mund lebt, hat mehr Zeit, sich um Kulturelles zu kümmern. Und diese Entwicklungen fanden statt. Zumindest ein Teil der damaligen Menschen hatte die Muße, sich Geschichten auszudenken, mit denen man anderen vielleicht die Welt erklären konnte. Jedenfalls ließen sie ihrer Fantasie freien Lauf.

So stellte man sich im 16. Jahrhundert eine irisch-keltische Familie vor. Unbekannter Künstler.

Der Dominoeffekt

Anders als die römische Kultur, die vielen eroberten Völkern zwangsweise »übergestülpt« wurde, hat sich die keltische per Dominoeffekt verbreitet. Zwar gab es auch immer wieder regionale Eroberungen oder Inselbesiedlungen mithilfe der Seefahrt. Die Antike und das frühe Mittelalter waren jedoch allgemein Epochen, in denen es viel Bewegung gab. Und im Zuge solcher Entwicklungen übernahmen benachbarte Völker oft von sich aus das, was sie bei anderen als praktisch, sinnvoll, angenehm und optisch schön empfanden. Sie keltisierten sich dann quasi selbst. Und so kam es, dass man irgendwann in der späten Antike in halb Europa keltische Dialekte sprach: im heutigen Großbritannien und in Irland, Frankreich, Deutschland, Westspanien und Portugal, ebenso in Norditalien, Österreich und der Schweiz, in Tschechien, in Teilen Ungarns, Rumäniens und Russlands, selbst in der inneren Türkei.

Die keltische Sprache wird in mehrere Zweige unterteilt. In Irland, Schottland und auf der Insel Man sprach man Goidelisch, in Zentralengland, Wales, Cornwall und der Bretagne Kumbrisch, Kymrisch, Kornisch und Bretonisch und in Kontinentaleuropa sowie in Kleinasien Gallisch, Keltiberisch, Galatisch, Lepontisch und Norisch. Mit der Sprache hatten sich zugleich auch keltische Rechtsprechung, Kunst, Musik, Heilkunde, Religion und Mythologie in den keltisierten Ländern verbreitet – zwar in regional abgewandelter Form, aber immer als »keltisch« erkennbar. Und dieses Keltische übt auch auf viele Menschen unserer Tage eine besondere Faszination aus: Die Kunst ist, wie schon ge-

Britannischer Druide.
Kupferstich von William Stukeley.

sagt, zeitlos. Elemente der Musik existieren zum Teil heute noch. Die keltische Heilkunde war eine wichtige Basis der späteren Volksmedizin. Die Rechtsprechung für damalige Verhältnisse in manchen Punkten revolutionär. Religion und Mythologie konnten, wenn man sich auf sie einließ, Rückhalt bieten und Sinnhaftigkeit vermitteln.

Das Verdienst der Mönche

Zu der Bewahrung keltischer Kulturgüter bis in die heutige Zeit trug besonders der große Schatz an Mythen, Sagen, Märchen und Erzählungen bei. Niemand weiß heute ganz genau zu sagen, wann sie genau entstanden sind. Sie wurden anfangs ja nur mündlich weitergegeben, zu Beginn des Mittelalters, zwischen dem fünften und siebten Jahrhundert, aber schließlich von irischen und britannischen Mönchen, die sie der Nachwelt erhalten wollten, aufgeschrieben.

Wir meinen, dass man den Kuttenträgern für diesen Dienst immer noch sehr dankbar sein sollte. Viele von ihnen entstammten den alten Druiden- und Bardenfamilien, die ihr Wissen und ihre Geschichten nur mündlich weitergaben (die Druiden waren die spirituellen und kulturellen Anführer innerhalb der keltischen Kultur). Die Männer in ihren kargen Mönchszellen hatten jedoch schreiben gelernt. Mit lateinischen Buchstaben und in ebendieser Sprache.

Und das aus einem bestimmten Grund: Gegen Ende der Spätantike

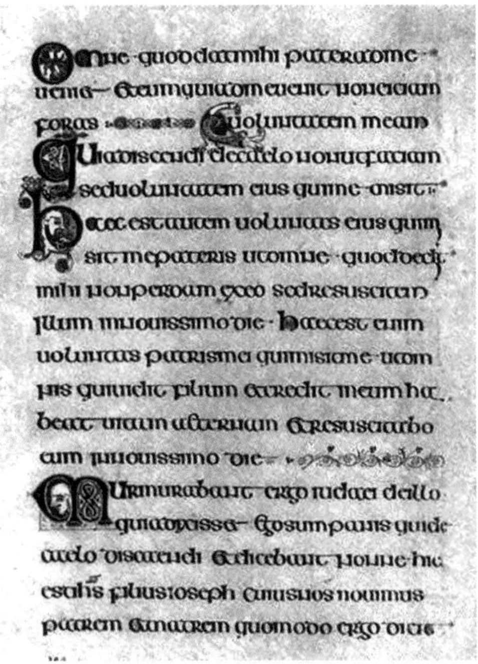

Irische Mönche entwickelten eine eigene, kunstvolle Rundschrift, die typisch ist für die alten Bücher. Auszug aus dem Book of Kells.

und zu Beginn des Mittelalters hatten vorausschauende Menschen vom politisch sehr unsicheren europäischen Kontinent alles Historisch-Schriftliche, was man damals als schützenswert betrachtete, nach Irland gebracht und auf der von den Wirren der Völkerwanderung nicht betroffenen grünen Insel sämtliches Material kopieren lassen. So blieb der Nachwelt wesentliches antikes Schrifttum erhalten.

Und die Druidenmönche schrieben die alten Mythen der Inseln, auf denen sie lebten, ebenfalls auf. Deshalb können wir uns heute an einem reichen Mythen-, Sagen- und Märchenschatz erfreuen, der in erster Linie aus dem irisch-britannischen Raum stammt. Spätere Autoren griffen auf diese Quellen zurück. Die Mönche verstanden oft auch so manch tieferen Sinn der Erzählungen. Wobei wir nicht ausschließen können und dürfen, dass sie sich durchaus berufen fühlten, sie auf ihre Weise zu »christianisieren«.

Andere Zeiten, andere Sitten

Manchmal erscheinen uns gerade die inselkeltischen Stories kriegerisch; da wird nicht lange gefackelt, eingeschlagene Schädel und aufgeschlitzte Bäuche kommen durchaus vor. Oft werden Helden von ihren Gegenspielern in die Anderswelt befördert. Aber die Realität scheint häufig auch rau gewesen zu sein. Zudem war die sexuelle Moral eine andere als in den darauffolgenden Jahrhunderten.

Wie schon erwähnt, ist es, aufgrund der unüberschaubaren Menge, unmöglich, die keltischen Sagen und Mythen in einem Buch zusammenzufassen. Wenngleich der mit Abstand größte Teil, wie ebenfalls schon angedeutet, aus Irland, Schottland und Britannien stammt, sind auch in anderen Regionen – in der Bretagne, in Portugal, in Galicien sowie im Alpenraum – Sagen und Legenden erhalten geblieben. Je nach kultureller Entwicklung haben sie dort zwar im Laufe der Jahrhunderte eine Wandlung durchlaufen, keltische Elemente sind jedoch oft immer noch deutlich erkennbar. Selbst in den deutschen Volksmärchen gibt es zahlreiche davon.

In Mitteleuropa hatte sich zunächst niemand die Mühe gemacht, die ursprünglichen Geschichten aufzuschreiben. Deshalb erlebten sie eine Transformation und blieben stets dynamisch, nahmen Elemente aus anderen Epochen auf und auch aus den Ländern und Regionen, in die sie »hineinerzählt« wurden.

Wir dürfen also heute nicht davon ausgehen, dass es eine einheitliche und gemeinsame keltische Sagen- und Mythentradition gibt und gab. Die geografischen

Entfernungen waren und sind viel zu groß. Allerdings existierten immer Gemeinsamkeiten in der Ausrichtung. (Wir sagten es bereits: Es hat nie eine politische oder kulturelle Einheit der Kelten gegeben.)

Subjektive Beobachter

Zwar machten griechische und römische Forscher Aufzeichnungen über die keltische Mythologie, diese waren jedoch stets subjektiv geprägt und gaben das Erforschte aus der Sicht der Forschenden wieder. Und diese Autoren schrieben vor dem Hintergrund des griechischen bzw. römischen Götter- und Weltbildes ihrer jeweiligen Kultur.

Gute Geschichten werden nicht ad acta gelegt, wenn eine neue historische Epoche beginnt (sonst gäbe es auch dieses Buch nicht). Sie verändern sich nur, nehmen neue Einflüsse auf. Ins Keltenland kamen die Römer, die Burgunder, die Franken, ebenso die Wikinger, um nur die wichtigsten Volksgruppen zu nennen. Auf den Britischen Inseln waren es auch die Angeln, Jüten und Sachsen. Alle Völker brachten ihre eigenen Geschichten mit, von denen sich Teile mit den alten keltischen Erzählungen mischten. Die schreibenden Mönche waren mit biblischen Überlieferungen vertraut und hatten zudem eine christliche Botschaft zu vermitteln, die nicht selten in Einklang mit dem heidnischen Material, das sie bearbeiteten, gebracht wurde.

Im Mittelalter bildete sich eine ritterliche Tradition aus, die selbst im Zentrum von neuen Legenden stand und keltische Elemente (etwa den arturischen Sagenkreis) in ihre Epen aufnahm. Minnesänger und Troubadoure als große Unterhalter an den Höfen schufen Neues auf der Basis von Vorhandenem.

Fakt ist, dass die Mythologie etwa auf den Britischen Inseln und in Irland dann literarisch gestaltet wurde, als die Religion, die ihr zugrunde lag, schon nicht mehr offen praktiziert wurde. Was das Festland betrifft, so waren es keine schreibenden Mönche, welche die Geschichten schriftlich fixierten, sondern reisende »Unterhalter«, also Geschichtenerzähler, Minnesänger und Troubadoure. Diese sammelten, veränderten und bearbeiteten Stoffe, die ihnen spannend erschienen, und schufen daraus neues Material. Fahrende Gaukler und Musikanten waren in ähnlicher Weise tätig.

Von den Göttern des Festlandes kennen wir heute nur noch die Namen. Im Hinblick auf ihren Wirkungsbereich werden lediglich Vermutungen angestellt. Die Märchen und Sagen durchliefen eine Wandlung und wir können davon ausgehen, dass viele uns bekannte volkstümliche Erzählungen auf alte keltische und germanische Sagen zurückgehen. Es ist darum nur zu verständlich, dass die meisten der hier wiedergegebenen Geschichten aus dem irisch-britannischen Raum stammen. Sie haben das irische Leben so stark beeinflusst, dass manche von ihnen noch im 17. Jahrhundert nicht als dem Sagenschatz zugehörig angesehen wurden, sondern als historische Tatsachen.

Prähistorische Anlagen und megalithische Steinsetzungen, die weit vor ihrer Zeit entstanden, galten vielen Kelten als andersweltliche Orte. Zeichnung von William Frederick Wakeman.

Während wir, in Bezug auf Irland und Wales, wie gesagt auf Manuskripte der Mönche als Basis zurückgreifen können, sind es in Schottland alte Lieder, die das keltische Geschichtengut überliefert haben und zum Teil heute noch existieren.

Ein schönes Beispiel für eine nachweislich wechselseitige Beeinflussung unterschiedlicher geografischer Räume in Bezug auf ursprünglich keltisches Ausgangsmaterial ist der Sagenkreis um König Artus und den Heiligen Gral. Das eine Mal werden die Handlungen in Britannien verortet, dann im heutigen Frankreich und wieder ein anderes Mal in Spanien. Die Geschichten wanderten von Land zu Land und nahmen überall regionale Bezüge auf. Die Troubadoure und Minnesänger lassen grüßen.

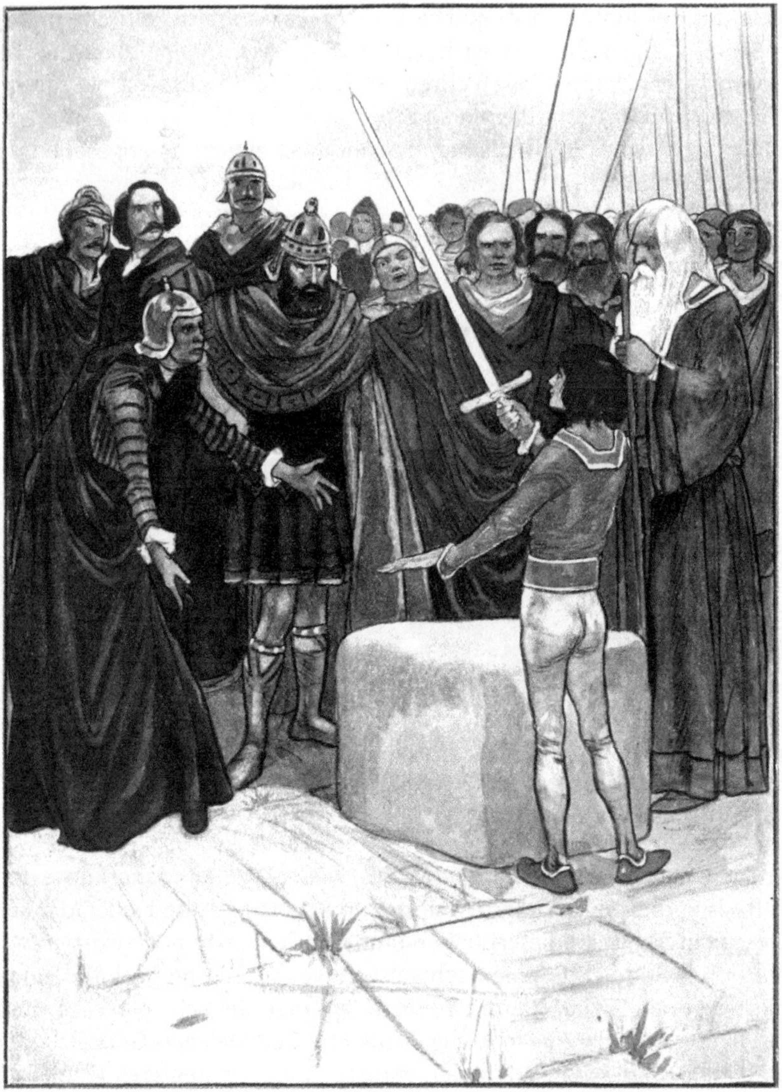

Der junge Artus zieht das Schwert Excalibur mühelos aus dem Stein. Zeichnung von Henrietta Elizabeth Marshall.

Legende, Mythos oder Märchen?

Streng genommen muss man unterscheiden zwischen Legenden, Mythen und Märchen. Wir gehen in diesem Buch jedoch nicht nach wissenschaftlichen Kriterien vor, sondern möchten einfach eine Auswahl der Geschichten anbieten, die wir für unterhaltsam, lehrreich und lesenswert halten. Manchmal verschwimmen die Grenzen zwischen einer Legende und einem Märchen. Dann wird aus dem legendären Helden eine Märchenfigur. Oder eine mythologische Naturgöttin stellt sich in Gestalt einer das Wetter machenden Frau Holle dar.

Was ist ein Mythos? Das Wort stammt ursprünglich aus dem Griechischen und meint eine Erzählung, Fabel oder Sage. Im weiteren Sinne können damit auch Personen gemeint sein, ebenso Dinge und Ereignisse. Gemein ist ihnen eine besondere symbolische Bedeutung. Zwar kann es sich bei einem Mythos durchaus um eine wahre Begebenheit handeln, die später ausgeschmückt und überhöht wurde, meistens weiß der Hörer des Wortes jedoch, dass er es hier mit einer Sache zu tun hat, der man sich nicht unbedingt mit dem rationalen Verstand nähern, sondern der Fantasie ihren freien Lauf lassen sollte.

Mythen für die Identität

Als »Mythologie« bezeichnet man die Sammlung der Mythen eines Volkes, einer Kultur oder einer Religion. Mythen unterscheiden sich von Sagen, Legenden oder Märchen dadurch, dass sie für die entsprechende Kultur oder das Volk von übergreifender Bedeutung sind – auf ihnen gründen Identitäten, gemeinsame Orientierungen oder Werte. Auch besteht meistens ein Bezug zum Religiösen. Abläufe in der Natur werden durch Mythen zu Geschehnissen göttlichen Ursprungs. In früheren Zeiten hat man den Menschen auf diese Weise die Welt erklärt.

In einer Kultur wie der keltischen, welche die meiste Zeit über ohne Schrift auskam, wurden die ursprünglichen Mythen nur durch ausgewählte Personen – Priester (Druiden), Sänger, Dichter oder Stammesälteste – weitergegeben. Sie hatten eine wichtige gemeinschaftsbildende Funktion inne, denn nur durch sie konnte der gemeinsame Glaube, verbunden mit den entsprechenden Wertvorstellungen, überdauern. Daneben entwickelten sich Legenden, Sagen und Märchen, oft in direktem Bezug zu den Mythen. Im Laufe der Zeit kam es auch zu einer Vermischung.

Zwei Druiden. Kupferstich von Bernard de Montfaucon.

Vom Menschen zum Gott

So konnte es beispielsweise geschehen, dass durch Überhöhung und Mythifizierung aus einstmals normalen Menschen bei der Überlieferung ihrer Taten schließlich Götter oder Halbgötter wurden. Das heißt, dass sich manche Mythen auf durchaus reale Geschehnisse zurückführen lassen. Für viele Zuhörer stellten sie jedoch das erzählte Wissen einer längst vergangenen »goldenen Zeit« dar. Den Erzählern der Mythen mag es wichtig gewesen sein, die Zuhörer aus ihren Worten Schlüsse ziehen zu lassen, die im Einklang mit den Werte- und Moralvorstellungen der Gemeinschaft lagen.

Heidnische Konkurrenz

Die späteren Christen sahen in den keltischen Mythen eine heidnische Konkurrenz zu ihrer eigenen Theologie, obwohl diese sich ebenfalls vieler Mythen bediente und auch vielfach aus dem heidnischen Fundus schöpfte. Mit Beginn des Mittelalters gelang es manchmal, die keltische Götterwelt zu dämonisieren – das ist die einfachste Methode, um den Menschen eine alternative Weltsicht zu verleiden – oder sie zumindest umzudeuten, indem man zum Beispiel den keltischen Jahresfesten einen christlichen »Mantel« überzog. Und dies geschah gründlich: An vormals keltischen Kult- und Kraftorten stellte man Kreuze auf oder baute gleich Kirchen dorthin.

Verschollene Mythen

Die Mythologie der Festlandkelten ist mehr oder weniger komplett verschollen. Man kann lediglich aufgrund von Abbildungen, deren Deutung aber auch nicht immer einfach ist, so beispielsweise auf dem Kessel von Gundestrup, Vermutungen darüber anstellen.

Die Götter, an die die Kelten des Festlands glaubten, sind uns nur durch aufgezeichnete Namen überliefert worden. Es ist jedoch kaum möglich, ihre jeweilige kultische Bedeutung aufzuzeigen. Durch Caesar wissen wir etwas über einen bestimmten Heiligen Hain *(Nemeton)* der Kelten: Im Gebiet der Karnuten, im Zentrum Galliens, fanden die alljährlichen Druidenversammlungen statt. Auch beim Aufstand des Vercingetorix (52. v. Chr.) diente dieser Nemeton als Kultzentrum. Aus Aremorica, der Bretagne, blieben ebenfalls nur wenige Mythen überliefert. Diejenigen, die man heute noch kennt, kamen über Wales und Cornwall ins Land, wie beispielsweise die späteren Artussagen. Vielleicht gehen die heute bekannten bretonischen Märchen und Erzählungen auf altes Sagengut zurück. Genau weiß man es nicht. Ab dem vierten Jahrhundert kamen erste Siedler von den Britischen Inseln ins Land, niedergeschrieben wurden die Erzählungen allerdings erst ab dem Mittelalter.

Die französischsprachige Dichterin Marie de France veröffentlichte im 12. Jahrhundert zwölf bretonische *Lais,* kurze Gedichte über ein keltisches Thema, so etwa über den Ritter Lanval aus der Gefolgschaft von König Artus.

Eine *Poesiesammlung der Bretagne* erschien erst im 19. Jahrhundert. Herausgeber dieser bretonischen Volksmärchen war der Altertums- und Sprachwissenschaftler Théodore Hersart de La Villemarqué.

Wir wissen heute nicht viel über die Mythen der Galater in Kleinasien. Auch sie besaßen einen Heiligen Hain, in dem sich die Vertreter der drei Galaterstämme trafen. Berichtet wird von schamanischen Ritualen der Druiden. Der galatische Heilsgott hieß Telesphoros (»Vollender«). Es scheint einen Stierkult gegeben zu haben, darauf deuten zumindest die Namen einiger Anführer hin (»Himmelsstier«, »Stier des Landes«).

Vom Gott zum Kobold

In manchen Regionen, wie beispielsweise in den heutigen deutschsprachigen Ländern, verschwand die keltische (Erzähl-)Kultur tatsächlich nach dem Ende der Antike. Aber sie tat dies nur vordergründig. Unsere alten Sagen, Märchen und Legenden enthalten immer noch viele Elemente von damals, manchmal eben nur in veränderter Form. Waren in den Originalgeschichten vielleicht Gottheiten die Protagonisten, wurden diese im Mittelalter zu mythischen Helden oder gar zu Kobolden oder Elfen. Auch ranken sich viele christliche Heiligensagen um Begegnungen und Abenteuer mit Wesen aus dem vormals heidnischen Bereich. Oft rückten die mittelalterlichen Legenden die christlichen Heiligen durch Überhöhung in Sphären, die in keltischer Zeit eher den Götterwesen vorbehalten waren. Nicht selten erkennen wir in den Helden unserer Legenden Figuren der einstmals heidnischen (Götter-)Verehrung wieder. So trifft Mythos auf Sage und Sage auf Mythos.

Teil 1

Die Anderswelt

Salige Frauen. Zeichnung von Mathias Schmid.

Eine Reise in die Anderswelt

Was den irischen Kelten die *sidhe* (Feen) waren, stellten für die Bewohner des Alpenraums die saligen Frauen (auch Salaweiber, Salkweiber oder weiße Frauen) dar. In so mancher alpinen (Spuk-)Geschichte haben sie die Jahrtausende überlebt. Ihre Wohnorte waren Gletscherspalten und Felsenhöhlen, mancherorts lebten sie auch an den Ufern der Flüsse oder Seen. Die saligen Frauen galten als scheu, doch durchaus hilfsbereit. In den alten Sagen werden sie oft als sehr weise bezeichnet – es heißt, sie hätten den Menschen oft mit Rat und Tat zur Seite gestanden. Andererseits wurde aber auch davor gewarnt, ihnen in hellen Mondnächten zu begegnen. Falls dies aber doch geschehe, dann solle man am besten sehr viel Lärm machen, so wurde geraten, denn Krach verabscheuten sie.

Einmal sei ein Bauernbursche nachts durch den Wald gegangen und von einigen saligen Frauen gefangen worden. Dabei hätten sie ganz klar erotische Absichten gehabt. Es wird erzählt, sie hätten den armen Jungen bis zur Bewusstlosigkeit geliebt. Jungmänner, die in ähnlicher Erwartung laut scherzend den Lebensraum der Saligen betreten hätten, seien allerdings zu laut gewesen und hätten die Wesen mit ihrem Krach vertrieben.

Das reale Jenseits

Das Weltbild der Kelten zeichnet sich aus durch eine enge Verbindung von Dies- und Jenseits. Es war schamanistisch geprägt und das Jenseits, die Anderswelt, wurde als reale Sphäre empfunden, war Teil der Alltagsrealität. So auch bei den benachbarten Germanen – es hat wohl immer eine wechselseitige Beeinflussung stattgefunden, die unter anderem die Mythologie und Religion betraf.

Ein wesentlicher Schauplatz der Mythen ist die Anderswelt (Andere Welt). Wobei diese selten der alleinige Ort der Handlungen ist, meistens findet eine geografische Vermischung mit der Welt der Menschen statt.

Die rätselhafte andere Seite

Die keltische Anderswelt ist in allen drei Bereichen präsent: im Mythos, in der Sage und im Märchen. Und sie blieb es bis in unsere Tage.

Keltische Elemente haben sich in vielen Volksmärchen bis heute erhalten. Sie sind beim oberflächlichen Lesen nicht immer gleich zu erkennen. Schauen wir jedoch genauer hin, werden wir schnell fündig. Auf den folgenden Seiten wollen wir uns einmal mit einem der populärsten mitteleuropäischen Volksmärchen beschäftigen und die darin enthaltenen Symbole und Botschaften aus alter Zeit detailliert entschlüsseln. Erstaunt werden wir feststellen, auf wie viele keltische Elemente wir dabei treffen.

Ein gutmütiges und pflichtbewusstes Mädchen gerät durch einen mysteriösen Eingang (Brunnen) in die Anderswelt. Dort absolviert es einige Prüfungen und trifft auf die Muttergöttin Frau Holle. Es spielt keine Rolle, dass jene Frau Holle, obwohl sie eigentlich unter der Erde lebt – denn die spätere Goldmarie gelangt ja durch einen Brunnenschacht zu ihr in die Tiefe –, Schnee auf die Erde fallen lassen kann. Doch mit solchen logischen Spitzfindigkeiten sollten wir uns nicht lange aufhalten, denn in der Anderswelt gelten andere Regeln. Physik, Chemie oder Biologie sind dort außer Kraft gesetzt. Und auch darum ist sie, die Anderswelt, das wohl spannendste Thema innerhalb der keltischen Mythologie. Wer sich intensiver mit der

Die Goldmarie (links) und die Pechmarie (rechts) auf je einer Briefmarke von 1967.

Märchen- und Sagensymbolik befassen möchte, dem seien die entsprechenden Bücher im Literaturverzeichnis empfohlen.

Nacherzählt und analysiert: »Frau Holle«

Eine Witwe hat zwei Mädchen: Die eine, hässlich und faul, ist ihre leibliche Tochter; die andere, schön, fleißig und redlich, ihre Stieftochter. Die Witwe zieht dieser jedoch ihr eigenes Fleisch und Blut vor, die hässliche Tochter braucht im Haushalt nichts zu tun und liegt auf der faulen Haut, während die andere den ganzen Tag am Brunnen sitzen und so lange spinnen muss, bis ihr die Finger bluten. Um die Spule vom Blut zu reinigen, will sie diese ins Wasser tauchen. Dabei fällt sie ihr in den Brunnen. Die Stiefmutter befiehlt dem Mädchen, die Spule wieder nach oben zu holen. Darum springt es in den Brunnen, verliert das Bewusstsein und erwacht auf einer bunten Blumenwiese, über der Schmetterlinge tanzen.

Hier tauchen schon drei der vier Hauptpersonen auf; die Witwe und die beiden Mädchen. Die Tochter und die Stieftochter künden uns von der Polarität der Welt. Die eine, faul und hässlich, repräsentiert die dunkle Seite, die Nacht, das vermeintlich Negative, Unproduktive, Destruktive. Die andere, fleißig und schön, verkörpert die helle Seite, den Tag, das vermeintlich Positive, Erschaffende, Konstruktive.

Die verwitwete Mutter/Stiefmutter stellt für die Mädchen den Mittelpunkt ihrer Welt dar, denn sie lässt die eine tatenlos passiv sein, während sie die andere zur Arbeit zwingt. Man könnte auch sagen, dass die Witwe für die beiden die Welt ist, in der Tag und Nacht die Pole darstellen. Die Töchter richten ihr Leben auf diese Welt aus. Von anderen Dingen im Leben der Mädchen wird nichts berichtet. Die fleißige Stieftochter arbeitet, bis sie blutet. Ihre Arbeit ist das Spinnen. Diese Tätigkeit steht symbolisch für die Welt der Gedanken. Bei ihrer monotonen Arbeit hat sie genug Zeit nachzudenken. Über ihre Lebenssituation beispielsweise. Tut sie das? Es scheint, dass sie schon früh zur Befehlsempfängerin erzogen worden ist. Was die Witwe (die Welt) von ihr verlangt, wird ohne Murren getan. Sie springt sogar in den Brunnen, um die Spule herauszuholen, ohne Rücksicht auf ihre eigene Gesundheit. Die Ausbeutung der Befehlsempfängerin geht so weit, dass diese bereit ist, ihr Leben aufs Spiel zu setzen, um den Forderungen der Witwe gerecht zu werden. Das Mädchen hüpft also klaglos in die Tiefe, verliert das Bewusstsein (ihr

Leben) und erwacht in der anderen Welt. Die Spule mit dem Lebensfaden steht für die irdische Existenz, die abhandengekommen ist.

Brunnen gelten symbolisch als Übergangsorte. Die Kelten vermuteten in Höhlen und tiefen Löchern Eingänge zur Anderswelt. Noch heute gibt es in verschiedenen Regionen sogenannte Ritualschächte aus keltischer Zeit, die mit einem speziellen Initiationskult in Bezug auf den Kontakt zur Anderswelt in Zusammenhang standen. Als Irland christlich wurde, gab man diesen Kult auf und begann, schlanke Rundtürme zu bauen, denn nun richtete man sich auf den Himmel aus.

Das Mädchen benutzt solch einen Eingang. Die in den Brunnen Gesprungene wacht in der Anderswelt auf. Hier beginnt ein anderes Leben. Blumen blühen und Schmetterlinge tanzen in der Luft. Es ist eine friedliche Welt, in der niemand etwas von ihr verlangt, so scheint es zumindest zunächst …

Als Marie – so heißt das Mädchen – sich verwundert umschaut, erkennt sie in der Nähe einen Backofen, aus dem Stimmen erschallen. Es sind die Brote, die darum bitten, herausgeholt zu werden, denn sie sind fertig gebacken. Marie kommt der Bitte nach, ohne diese zu hinterfragen, und rettet die Brote vor dem Verbrennen. Sie wandert weiter und steht plötzlich vor einem großen Apfelbaum, der sie dringend bittet, ihn zu schütteln, denn seine Früchte sind längst schon reif und werden ihm zu schwer. Auch dies tut Marie und befreit den Baum von seiner Last. Wenig später trifft sie auf eine Frau mit sehr großen Zähnen. Die Frau könnte jemanden gebrauchen, der ihr bei der Arbeit hilft, und bietet Marie einen Arbeitsplatz an. Das Mädchen ist sehr willig und fleißig, schüttelt gründlich die Betten auf und sorgt damit für reichlich Schneefall in der Welt.

Nun befindet sich Marie in der Anderswelt. Sie hat ihr altes, irdisches Leben hinter sich gelassen.

Der Backofen ist ein gutes Beispiel für eine typisch keltische Dingbeseelung, denn die Brote können sprechen. Sie haben ein Bewusstsein, das es ihnen ermöglicht zu erkennen, dass sie fertig gebacken sind, und sie sind in der Lage, mit Worten zu kommunizieren. In der keltischen Welt besaß jedes Ding eine Seele und auch ein Bewusstsein.

Marie, die es als Befehlsempfängerin gewohnt ist, sofort zu reagieren, holt die Brote aus dem Ofen. Es wird nicht erzählt, ob sie die Situation hinterfragt oder sich über sprechende Brote wundert. Sie lebt völlig im keltischen Bewusstsein, dass Dinge lebendig sein können. Ein Backofen steht symbolisch für den weiblichen Schoß. Er will gebären und es ist höchste Zeit, dass jemand kommt und Geburtshilfe leistet. Dies könnte ein Hinweis darauf sein, dass für Marie nun die Zeit der Transformation ansteht. Sie hat zunächst ein neues Leben in der Anderswelt – was fängt sie damit an?

Dann trifft Marie auf einen Apfelbaum, auch hier ist etwas reif. Sogar fast schon überreif sind die Äpfel und das Bäumchen kann die Last der großen Früchte kaum noch tragen. Für das an Aufforderungen gewöhnte Mädchen ist es eine Selbstverständlichkeit, den Baum kurz zu schütteln. Schon liegen die schweren Äpfel unten. Im Märchen wird nicht erzählt, ob Marie dies aus Mitgefühl für den Baum tut oder einfach nur, weil sie darum gebeten wird. In der keltischen Symbolsprache ist der Apfelbaum eine Pflanze mit stark weiblichem Bezug. Er steht für Fruchtbarkeit. Marie könnte die Früchte (zum Beispiel aus der Erkenntnis heraus) ernten, doch sie lässt sie liegen. Vermutlich liegt ihr nichts an Besitz oder irgendeiner Form von Entwicklung. Sie war von frühester Kindheit an eine Verliererin, dazu erzogen, Befehle zu empfangen und auszuführen. Selbst in der Anderswelt ändert sie ihr Leben nicht, sie tut, was man ihr sagt.

Auch die keltische Gesellschaft bestand aus den Schichten der Herrschenden und der Befehlsempfänger. Es gab rechtlose Bedienstete und Sklaven. Wer zur zweiten Gruppe gehörte, hatte das zu tun, was man ihm sagte. Dies änderte sich im Mittelalter erst recht nicht und wenn wir es genau betrachten, ist es auch heute nicht viel anders. Eltern, Lehrer, Vorgesetzte, Behörden oder Politiker vermitteln vielen Menschen das Bild, dass es im Leben hauptsächlich darum geht, die Anforderungen anderer zu erfüllen. Wer sich fügt und still »seine Pflicht tut«, der kriegt keinen Ärger. Denken kann da für so manchen ein störender Vorgang sein, denn es könnte ja sein, dass man dabei erkennt, dass man eigentlich unglücklich ist und eventuell etwas zu ändern wäre. Das Spinnen steht symbolisch für das Denken, doch Marie hat die Spule – das Denken – fallengelassen. Denken strengt an, blinder Gehorsam weniger.

Nun steht das Mädchen plötzlich vor Frau Holle. Diese ist freundlich, hat aber bedrohlich große Zähne. Sie kann Gutes tun, mit ihren Beißwerkzeugen jedoch auch gefährlich werden. Sie ist die große Urmutter, die göttliche Herrscherin der Anderswelt. Frau Holle hat unerschöpfliche Macht und Entscheidungsgewalt. Die große Göttin beeinflusst damit das Leben aller Wesen. Sie bestimmt, ob es schneit oder nicht, ob es regnet oder die Sonne scheint. Es spielt in der keltischen Sichtweise keine Rolle, dass sich die Anderswelt unter der Erde befindet und es in der realen Welt dann von oben nach unten schneien müsste. Die physikalischen Gesetze gelten hier nicht.

Marie tritt in Frau Holles Dienste und erweist sich als fleißig. Sie lässt es kräftig schneien und kommt allen Aufforderungen ihrer Vorgesetzten nach, so wie sie es gewohnt ist. Die Kelten glaubten, dass die Verstorbenen in der Anderswelt bestimmte Aufgaben zu übernehmen hätten. Zum Beispiel für Schnee zu sorgen. Dies war mit ein Grund dafür, dass man die Ahnen ehrte. Lag im Winter viel Schnee, rechnete man mit einer guten Ernte im späteren Jahresverlauf.

Marie ist fleißig und lässt es kräftig schneien.
Grafik von Hermann Vogel.

Eines Tages äußert Marie eine Bitte. Sie möchte zurückkehren zu ihrer Stiefmutter und -schwester. Frau Holle betrachtet diesen Wunsch mit Wohlwollen. Sie dankt dem Mädchen für seine fleißige Arbeit, gibt ihm die verlorene Spule zurück und führt es zu einem Tor. Als Marie dieses Tor durchschreitet, fällt ein Goldregen auf sie herab und das Gold bleibt an ihr haften. Beladen mit diesem neuen Schatz betritt sie die Welt und der Hahn, der Marie als erster sieht, ruft: »Kikeriki, unsere goldene Jungfrau ist wieder hie!«

Marie hat etwas getan, das wir bei ihr zuvor noch nicht erlebt hatten: Sie hat einen persönlichen Wunsch geäußert, sie möchte zurück zu ihrer Familie. Dieses Ansinnen mag uns befremden, denn ihr fehlt es doch bei Frau Holle an nichts. Dies ist eine weitere positive Botschaft des Märchens: Den Verstorbenen geht es in der Anderswelt gut.

Marie hat dort keinen »Stress«, muss sich nicht die Finger blutig spinnen und steht auch nicht unter dem Kommando der bösen Stiefmutter. Trotzdem will sie zurückkehren. Vermutlich erkennt sie, dass die Anderswelt nicht ihre wahre Heimat ist. Sie möchte zurück in die materielle Welt – vielleicht gibt es dort noch etwas zu erledigen?

Hat Marie positive Gefühle für ihr altes Umfeld? Psychologen wissen, dass Menschen ihre direkten Angehörigen, auch wenn diese ihnen nicht immer Gutes tun, trotzdem als ihre Familie empfinden, denn sie haben nur die eine. Das ist womöglich genauso schwer nachzuvollziehen wie die Tatsache, dass manche Frauen ihre sie schlagenden Ehemänner in Schutz nehmen und oft sogar nach einer bereits vollzogenen Trennung wieder zu ihnen zurückkehren. Oder dass Entführungsopfer mit den Tätern sympathisieren. Es gibt sogar eine fachliche Bezeichnung für dieses zuletzt genannte Verhalten: das Stockholm-Syndrom.

Die wissende Frau Holle zeigt sich dennoch erfreut, dass das Mädchen einen eigenen Willen äußert und sein Leben selbst in die Hand nimmt. Erstmals bestimmt Marie eigenständig über sich und trifft eine persönliche Entscheidung, die ihr weiteres Leben maßgeblich beeinflussen wird. Sie tut dies, obwohl sie gar nicht weiß, was auf sie zukommt. Zum ersten Mal verlässt sie den Weg des geringsten Widerstandes. Aus der passiven Befehlsempfängerin wird eine aktive Entscheiderin. Der Lohn ist ein Goldregen. Den hätte Marie nicht erhalten, wäre sie bei Frau Holle geblieben. Das Tor steht sinnbildlich für eine Transformation. Nach dem Durchschreiten ist die Goldmarie ein anderer Mensch. Frau Holle hat ihr vorher die Spule zurückgegeben, sodass sie den Lebensfaden erneut spinnen kann. Sie ist gereift und

Die Goldmarie tritt durch das Tor von der Anderswelt zurück ins irdische Leben und wird mit Goldmünzen belohnt. Zeichnung von Lancelot Speed.

hat erfahren, dass sie mit dem Äußern und Umsetzen ihres eigenen Willens ihrem Leben eine Richtung gemäß ihrer Entscheidung geben kann. Die Richtung ist positiv, wenn dem Handeln die richtige Erkenntnis vorausgeht.

Der Hahn sieht das Mädchen als erster. Und er kommentiert sofort seine Ankunft. Der Vogel ist der Nachrichtensprecher. Er bezeichnet die Ankommende als Goldmarie und tut damit kund, dass die Veränderung für alle sichtbar ist. Der Hahn war bei den Kelten ein heiliger Vogel mit der Funktion eines Grenzwächters. Geht jemand von der einen in die andere Welt, kräht er. Später übernahmen die Christen das Bild des Hahnes als Wächter und setzten ihn auf den Kirchturm.

Der Goldsegen erweckt, nach der Rückkehr des Mädchens, große Gier bei der bösen Stiefmutter, die nun die andere Tochter ebenfalls durch den Brunnen dorthin schickt, wo sie noch mehr Reichtum vermutet. Dieses Mädchen, das ebenfalls Marie heißt, hat jedoch nie gelernt zu arbeiten und pfeift auf das Brot, das auch von ihr aus dem Backofen gezogen werden will. Auch denkt es gar nicht daran, die Äpfel vom Baum zu schütteln. Und bei Frau Holle arbeiten will es erst recht nicht. Zumindest nicht auf Dauer, denn schon nach einem Tag des Federbettausschüttelns liegt diese Marie wieder auf der faulen Haut. Sie möchte lieber gleich zum Tor gehen und Gold auf sich regnen lassen. Und als sie dort anlangt, regnet es tatsächlich, allerdings kein Gold, sondern klebriges, schwarzes Pech, das nie mehr von ihrer Haut abgeht. Der Hahn kommentiert auch ihre Ankunft: »Kikeriki, unsere schmutzige Jungfrau ist wieder hie!«

Die Mutter – eingangs bezeichneten wir sie als »die Welt« – zeigt unmittelbar das, was sie regiert: Gier. Sie will noch mehr Reichtum. Ihre leibliche Tochter soll ebenfalls von den Gaben der Anderswelt profitieren. Auch dieses Mädchen ist ein Opfer, denn die Mutter hat ihm nichts beigebracht. Die andere Marie ist das Gegenteil der Goldmarie, vermeintlich eine Gewinnerin, schließlich muss sie nicht arbeiten. Aber in Wirklichkeit ist auch sie eine Verliererin, denn sie hat nichts gelernt, hat die Zeit des Nichtstuns nicht sinnvoll genutzt und muss nun den Rest ihres Lebens damit zurechtkommen, dass Pech an ihr klebt. Sie hatte in der Anderswelt die gleichen Lernchancen wie ihre Stiefschwester. Doch sie hat sie nicht genutzt.

Es heißt, der Glaube an Wiedergeburt sei ein Element der keltischen Religion gewesen. Ob dieser beispielsweise mit den Inhalten des Buddhismus vergleichbar ist, lässt sich heute nicht mehr mit Bestimmtheit sagen. Im Buddhismus gibt es den Begriff des Karmas. Dieser besagt, dass man durch sein Denken und Handeln das folgende Leben maßgeblich beeinflusst. Der Sturz in den Brunnen war das Ende der einen Existenz, der Gang durch das Tor ist der Beginn der nächsten.

Gier, Unwissenheit und Aggression gelten als die Geistesgifte, die eine positive Entwicklung negativ beeinflussen. Die Mutter ist gierig. Die beiden Mädchen sind unwissend. Die Goldmarie hat in der Anderswelt, in einer Zeit der Erkenntnis, gelernt, dass sie ihre Unwissenheit durch Einsicht verringern kann. Sie hat erfahren, dass sie in der Lage ist, über sich und ihr Leben zu reflektieren. Auch die Pechmarie hatte diese Chance, doch ließ sie sie verstreichen. Nun klebt das Pech (schlechtes Karma) an ihr. Allerdings hat sie durch eine erneute Existenz die Möglichkeit, dieses Pech in Glück umzuwandeln, wie es ihre Schwester tat. Der Weg dahin führt über das Erfahren, Lernen und Erkennen.

Ein weiteres Beispiel dafür, wie die keltische Kultur die spätere Märchentradition hierzulande beeinflusst hat, sind die sogenannten Regenbogenschüsselchen. Eigentlich handelt es sich dabei um Münzen aus der Zeit von 300 v. Chr. bis zur Zeitenwende. Allerdings erkennt man ihre Funktion nicht auf den ersten Blick, denn sie sind schüsselartig gewölbt. Diese Münzen haben nicht selten einen hohen Silber- oder Goldanteil und kamen in späteren Zeiten oft beim Pflügen zum Vorschein. So verbreitete sich der Glaube, dass sie aus dem Ende eines Regenbogens auf den Acker getropft seien. Ihre Existenz stellt vermutlich die Grundlage des Grimm'schen Märchens »Die Sterntaler« dar.

Wo ist die Anderswelt?

Die Anderswelt heißt »Anderswelt«, weil sie auf einer anderen Ebene existiert als unsere irdische materielle Welt. Das soll nicht unbedingt heißen, dass sie nicht aus Materie besteht; nur ist diese anders geartet: oft feinstofflicher, flexibler und wandelbarer. Zumindest müssen dies viele Kelten so gesehen haben.

Dabei ist diese Anderswelt nicht in entrückten himmlischen Sphären zu finden, sondern direkt nebenan oder untendrunter. Man verortet sie in Hügeln, auf Inseln, am Grund von Gewässern, in Flüssen, Bäumen, auch in der Luft. Man kann durchaus wie die Goldmarie Zugang zu dieser anderen Welt finden, das ist unter bestimmten Voraussetzungen möglich, so wurde es einst geglaubt.

Es sind die Berichte der Schamanen-Druiden, die unser Bild von der Anderswelt geprägt haben. In Trance reisten sie selbst dorthin. Die Schamanen berichteten von Begegnungen und von einer anderen Zeitqualität, von Hilfe und Rat, die ihnen dort zuteilwurden.

Die Römer, die damals bekanntlich fast überall in Europa ihre Finger mit im Spiel hatten, nannten die andere Welt *orbis alius.* In der späteren Mönchsliteratur ist meistens von der »jenseitigen Welt« die Rede.

Jenseitige Welten kannten andere antike Kulturen auch, ebenso sind sie Bestandteil der meisten heutigen. Der kleine Unterschied: In der gängigen Vorstellung unserer Tage ist es bei klarem Verstand nicht möglich, eine Reise zu Göttern und Geistern oder zu Engeln und Heiligen zu unternehmen. Bei den Kelten galt dies durchaus als für jedermann machbar. Dazu brauchte man nicht erst zu sterben und durch ein goldenes Himmelstor zu treten.

Für die Kelten waren die Bewohner der Anderswelt sowieso nicht im Himmel, hoch oben über uns, angesiedelt. Viel eher traf man sie beim Holunderbusch neben dem Haus, in oder an einem Hügel oder am Ufer des nächsten Baches. Der Himmel hatte nichts Göttliches. Wobei der ein oder andere Kelte wohl durchaus die Befürchtung hegte, dass er ihm auf den Kopf fallen könne. Zumindest liest man dies so in den Asterixheften ...

Der christliche Glaube ist eng mit der Vorstellung oder Hoffnung verknüpft, dass nach dem irdischen Ableben des Menschen seine Seele in den Himmel aufsteigt und dort die Belohnung für gute Taten erhält beziehungsweise – und das gilt wahrscheinlich für die Mehrheit der Gläubigen – dass dort eine generelle Absolution für begangenes Fehlverhalten erteilt wird. So sahen das die Kelten nicht. Die Trennung in »die da oben« und »wir hier unten« gab es bei ihnen nicht. Die Anderswelt war im Hier und Jetzt existent, nur eben in manchmal anderer Form.

Die schamanistisch arbeitenden Druiden als spirituelle Elite berichteten den Menschen, dass es überall Orte gebe, an denen Verbindungen und Kontakt zwischen den verschiedenen Welten möglich war. Manchmal konnte man zufällig und ungewollt in eine kleine Elfen- oder Feengesellschaft hineingeraten. Derlei Erzählungen gibt es reichlich, hier stellen wir zwei davon vor.

Von Warzen und Elfen

Einst lebten zwei Zwillingsbrüder, der eine war sehr freundlich und nett, der andere ein rechter Griesgram. Jeder von beiden hatte eine Warze im Gesicht, der eine auf der rechten Seite, der andere links. Eines Tages ging einer der beiden Männer, der freundliche,

Feenarmee. Zeichnung von Joseph Noel Paton.

in den Wald, um Holz zu schlagen. Nachdem er schon ziemlich lange unterwegs gewesen war, beschloss er, im Wald zu übernachten, denn es wurde inzwischen dunkel. Er suchte Schutz und fand ihn in einem hohlen Baum. Langsam fielen ihm die Augen zu und im Zustand zwischen Wachen und Schlafen bemerkte er gerade noch, dass plötzlich eine große Gruppe Elfen auftauchte und ein fröhliches Fest feierte. Es wurde gesungen, musiziert und getanzt. Der Mann mit der Warze im Gesicht freute sich sehr und sprang aus seinem Versteck, denn die Musik weckte in ihm eine große Lust zu tanzen, also schloss er sich den Elfen an. Diese waren erfreut darüber, dass ein Mensch mit ihnen tanzte, und hatten großen Spaß mit ihm.

Als das fröhliche Fest zu Ende ging, fragten sie ihn, ob er Lust habe, bald wiederzukommen, und er versprach es den freundlichen Wesen. Da erhob der Oberelf seine Stimme: »Ich kenne euch Menschen. Ihr versprecht so vieles, wenn der Tag lang ist. Jetzt im Moment sagst du, dass du uns bald wieder besuchen wirst. Aber morgen hast du das alles längst schon wieder vergessen.« Doch der Mann erwiderte mit ehrlicher Miene: »Ich komme sehr gerne wieder zu euch, denn es hat mir großen Spaß gemacht.«

»Dann lass uns ein Pfand hier!«, verlangte der Oberelf. »Wir halten Wort und geben es dir bei deinem nächsten Besuch zurück.« Der Mann kehrte das Innere seiner Taschen nach außen mit den Worten: »Seht, ich habe gar nichts, was ich euch geben könnte. Nur mein Beil und das brauche ich noch, denn ich will Holz schlagen für den Winter.«

»Doch, doch«, erwiderte der Oberelf. »Deine Warze, lass sie uns hier.« Der Mann musste lachen: »Die ist ein Teil von mir und ich gebe sie nicht gerne her. Außerdem weiß ich gar nicht, wie man sie so einfach aus dem Gesicht bekommt.«

Ehe er sichs versah, waren zwei kleine Elfen auf ihn aufgesprungen und hatten im Nu die Warze an sich genommen. »Also gut«, sagte der Mann und verließ das Elfenvolk. Zurück in seinem Dorf begrüßten ihn alle Menschen, die ihm auf der Straße begegneten, und beglückwünschten ihn zu seinem glatten, warzenfreien Gesicht. Nur sein Bruder war wieder einmal übellaunig und nun gleichzeitig auch neidisch, denn er mochte die Warze in seinem Gesicht überhaupt nicht. Also erzählte ihm der freundliche Mann, was im Wald geschehen war. Er beschrieb auch genau die Wegstrecke und wo der hohle Baum zu finden sei. Schon am nächsten Tag ging der Mürrische in den Wald in der Hoffnung, die Elfen würden auch ihm die Warze als Pfand abnehmen.

Diese freuten sich, ihren Mittänzer wiederzusehen, wunderten sich allerdings, dass ihr Gast wieder eine Warze

Das Elfenvolk ist ziemlich musikalisch, es tanzt, singt und musiziert gerne, darüber war man sich in keltischer Zeit ziemlich sicher. Zeichnung von John Dickson Batten.

hatte, denn sie wussten ja nicht, dass er einen Zwillingsbruder besaß. Dann spielten sie zum Tanz. Der Gast machte nur widerwillig mit. Er mochte überhaupt keine Musik. Und Fröhlichkeit war ihm erst recht ein Gräuel. Aber er hatte ja ein Ziel, er wollte die Warze loswerden. Also riss er sich zusammen. Da sprach ihn der Oberelf an: »Warum macht es dir heute weniger Spaß als neulich?« »Red' nicht«, fauchte da der Mann. »Hier im Gesicht ist meine verdammte Warze. Nun nimm sie endlich als Pfand, damit ich noch mal wiederkomme!« Doch die Elfen wollten nicht noch einmal mit dem schlechtgelaunten Gast tanzen und sagten im Chor: »Du brauchst nicht wiederzukommen. Aber wir sind ehrliche Elfen und geben dir dein Pfand zurück.« Dann kamen die beiden anderen Elfen, die die Warze gut verwahrt hatten, und beförderten sie mit einem gezielten Wurf in das Gesicht des Mannes. Sie landete auf der bislang warzenlosen Seite. Nun hatte er zwei davon.

In der folgenden Erzählung finden sich ganz ähnliche Motive wieder.

Elfenmusik

Einst gab es einen körperlich missgestalteten Mann. Er war bucklig, krumm und verbogen. Die Menschen in seiner Umgebung wollten ihm nicht gerne in der Dunkelheit begegnen, obwohl jedermann wusste, dass er niemandem etwas zuleide tat und ein gutes Gemüt besaß. Dennoch gab es manche, die sich Geschichten über ihn ausdachten, in denen es hieß, er erschrecke seine Mitmenschen in der Dunkelheit. Auch wurde erzählt, dass er große Kenntnisse über die Heilkunst mit Pflanzen besäße und sich wohl auch in Zauberei auskenne. Er lebte davon, Körbe aus Binsen zu flechten. Immer trug er einen Strohhut, an dem er stets einen Zweig des Elfenkäppchens (purpurea digitalis) *trug.*

Eines Tages ging der Mann durch die Dunkelheit und kam an einem Hügelgrab vorbei. Er war müde und hockte sich auf die Spitze des Grabes, das vom Mond hell beschienen war. Und plötzlich drang eine Musik an sein Ohr, wie er sie noch nie gehört hatte. Es waren mehrere Stimmen, die da sangen, jede hatte ihren eigenen Ton, aber alle harmonierten wunderbar miteinander. Den Text verstand er nicht, denn die Stimmen sangen zu einer eingängigen Melodie die Worte: »Da Luan, Da Mort, Da Luan, Da Mort.«

Langsam begriff der Mann, dass der Gesang aus der Mitte des Grabhügels kam. Auch wenn ihm die Musik gefiel, fand er den Text doch sehr eintönig und führte die

Melodie, nach einem erneuten »Da Luan, Da Mort«, mit seiner eigenen Ergänzung »augus Da Cadine« weiter.

Das Elfenvolk im Grabhügel, denn niemand anderes waren die Sängerinnen und Sänger, hörte seine Stimme und war davon angetan, dass jemand sein Lied noch verschönern konnte. Sie schickten einen kreisenden Wirbelwind nach oben, damit dieser den Menschen über ihnen nach unten hole. Jener bekam leuchtende Augen, als er unten ankam, denn sein Körper, der ihn oft schmerzte, fühlte sich leicht an wie ein Strohhalm und er war wie verzaubert von der ganzen elfischen Pracht.

Das stille Volk nahm ihn sofort in seiner Mitte auf. Und zwar als den ersten der Spielleute. Es gab noch eine weitere große Überraschung, denn eine der Elfen trat auf ihn zu und sprach einen Zaubervers, der dafür sorgte, dass der störende und oft schmerzende Höcker auf seinem Rücken verschwand und sein Körper ganz frei beweglich wurde. Vorsichtig, denn das hatte er früher nie gekonnt, hob der Mann den Kopf nach oben.

Und nun wurde ihm die andersweltliche Pracht noch deutlicher und klarer. Seine Augen konnten sich gar nicht sattsehen. Er wurde mit einem Mal so müde, dass er auf der Stelle einschlief. Als er erwachte, war es taghell und er lag am Fuß des Grabhügels, zwischen weidenden Kühen und Schafen. Er reckte sich und streckte sich und stellte dabei verwundert fest, dass seine Knochen überhaupt nicht schmerzten. Und zu seinem großen Erstaunen bemerkte er bei einem Griff an seinen Rücken auch, dass sein Buckel verschwunden war. Sein Körper war wie neu, kerzengerade und muskulös. Auch steckte er in schönen, neuen Kleidern.

Auf dem Heimweg sprang und tanzte er, denn sein neuer Körper war elastisch und biegsam. Natürlich erkannte man ihn in seinem Dorf nicht auf Anhieb, denn er war ja völlig verwandelt. Aber er erzählte, was geschehen war, und die Geschichte sprach sich bald herum.

Eines Morgens – er saß gerade vor seinem Haus und flocht einen neuen Korb – kam eine alte Frau, die er nicht kannte, auf ihn zu. Sie stamme aus einem anderen Dorf und dort gebe es einen jungen Mann, der körperlich sehr verunstaltet sei, so erzählte sie ihm. Die Geschichte von der wundersamen Heilung des Mannes sei auch bei ihnen bekannt geworden und nun wolle sie wissen, wie man dem Betreffenden auf ähnliche Weise helfen könne.

Da erzählte der Mann ihr seine Geschichte. Die Frau kehrte in ihr Dorf zurück und brachte den kleinen, buckeligen Burschen bei nächster Gelegenheit zum Hünengrab. Nun besaß dieser leider einen schwierigen Charakter. Er war unfreundlich und hinterhältig und konnte oft richtig gemein sein. Als die Nacht anbrach, legte er sich auf den

Grabhügel. Schon bald hörte er die Elfen ihr Lied singen: »Da Luan, Da Mort, augus Da Cadine«. Nachdem die Elfen ihre Strophe siebenmal wiederholt hatten, verlor er die Geduld und rief laut, völlig ohne Gefühl für Takt und Melodie: »Augus Da Dardine, augus da Hena!«

»Das muss jetzt reichen«, dachte er. Es sind gleich zwei Zusätze, dann werde ich wohl auch zwei neue Anzüge von ihnen bekommen. Auch er wurde alsbald von wundersamen Kräften mitten in den Hügel hineingetragen. Jedoch empfingen ihn die Elfen nicht fröhlich. Sie waren wütend und warfen ihm vor, ihren Gesang geschändet zu haben.

Und was geschah? Der Höcker, den die Elfen verwahrt hatten, wurde dem schlechten Sänger auf den Rücken gepackt, direkt neben seinen schon vorhandenen Buckel. Am Morgen lag der so Gestrafte wieder auf dem Hünengrab mit zwei Höckern auf seinem Rücken. Er verwünschte fortan jeden, der auch gerne einmal den Gesang der Elfen hören wollte.

Festtage für die Götter

Auch an bestimmten Tagen im Jahresverlauf ging man davon aus, der Anderswelt näherkommen zu können. Die hauptsächlichen Daten für solche Begegnungen waren die Festtage Samhain (1. November), Imbolc (1. Februar), Beltane (1. Mai) und Lugnasad (1. August). Alle vier Feste stehen in engem Bezug zu alten Mythen und den Göttern, mit denen diese verbunden sind. An solch einem Tag konnte es schon einmal passieren, dass man ohne Absicht plötzlich in die Anderswelt geriet oder dass man wie der Mann mit der Warze auf Feen, Elfen, Kobolde, Göttinnen, Götter oder andere Vertreter dieser Sphäre traf. Es war möglich, dass solche Begegnungen Glück brachten, aber mit dem Umgekehrten musste man ebenfalls rechnen.

Reisen in die Anderswelt

Es kam auch vor, dass reale Landschaften oder Orte der anderen Welt zugeordnet wurden. Manche Inseln zu Beispiel. So gibt es einige entsprechende Plätze in Europa, die ein Mensch durchaus betreten konnte, die als »Avalon« (Apfelinsel) bezeichnet wurden (und es zum Teil heute noch werden) sowie als Aufenthaltsorte

An speziellen Tagen, wie beispielsweise zum Beltanefest, nahmen die Wesen aus der Anderswelt besonders gerne Kontakt zu den Kelten auf. Da konnte man beispielsweise im Wald einer schönen Fee begegnen, die einem den Kopf verdrehte. Zeichnung von John Dickson Batten.

von Feen und Elfen galten. In den Artussagen wird mehrfach von Reisen in solche Regionen (oft Inseln oder Hügel) berichtet, die als andersweltlich galten. Die folgenden sind klassische Geschichten von einer Reise in die Anderswelt.

Das Land der ewigen Jugend

Oisin, der Sohn des irischen Helden Finn mac Cumhail, verliebte sich in Niamh, die Tochter des Königs im Land der Jugend. Nach der Hochzeit zogen beide nach Tir na n'Og, so lautete der gälische Name jenes Landes. Dort lebten sie zunächst glücklich zusammen und zogen drei Kinder auf. Oisin bekam hin und wieder Anflüge von Heimweh nach Irland und als eine Reise dorthin anstand, riet ihm seine Frau, dort keinesfalls vom Pferd zu steigen, denn sonst könne er nicht zu ihr und den Kindern zurückkehren.

Nun, das Wiedersehen mit seiner Heimat hatte sich Oisin ganz anders vorgestellt. Niemand erkannte ihn mehr, seine Familie war schon lange tot. Es waren nämlich mehrere Jahrhunderte seit seiner Abreise vergangen. Dennoch ritt Oisin umher und traf auf drei Männer, die ihn baten, ihnen beim Anheben eines schweren Steinblocks zu helfen. Als er sich dabei hinabbeugte, fiel er vom Pferd. Und kaum hatte er den Erdboden berührt, begann er rasant zu altern. Sein Körper schrumpfte, seine Augen wurden blind. Es war zu spät, er konnte nicht mehr ins Land der Jugend zurückkehren.

Bran in der Anderswelt

Eines Tages veranstaltete der legendäre Held Bran, ein Sohn des Meeresgottes Lir, ein großes Fest. Um ein wenig dem Trubel zu entgehen, ging er mit einigen Leuten ein paar Schritte spazieren. Plötzlich hörte er wunderschöne Musik, die rasch dafür sorgte, dass er einschlief. Als er erwachte, sah er neben sich den blühenden Zweig eines Apfelbaumes auf dem Boden liegen.

Als Bran und seine Begleiter die Blüten bewunderten, erschien neben ihnen eine wunderschöne weibliche Person. Sie war ganz anders gekleidet als die Frauen in Brans Umgebung. »Das muss eine Sidhe sein, eine Fee!«, erkannte Bran. Und sogleich begann die Unbekannte zu singen. Ihr Lied handelte von Reisenden, die in das Land der Apfelbäume kamen, eine Insel, auf der es für sie weder Krankheit noch Tod gab.

Fasziniert von dem soeben Gehörten beschloss Bran, mit 30 Gefolgsleuten dieses Land zu suchen. Sie segelten zwei Tage und Nächte und begegneten unterwegs dem Meeresgott Mannanán mac Lir. Dieser war in einem von Pferden gezogenen Wagen auf den Wellen unterwegs und bestätigte den Suchenden, dass sie auf dem richtigen Weg seien.

Bald schon erreichten sie die Insel der Fröhlichkeit. Am Ufer standen lachende Menschen. Die Männer auf dem Boot stellten den Bewohnern einige Fragen, doch anstatt zu antworten, wurde nur gelacht. Einer aus der Gruppe Brans äußerte den Wunsch, die Insel zu betreten. Als er dort ankam, fiel er gleich in den Chor der Lachenden mit ein. Die anderen segelten ohne ihn weiter.

Am nächsten Tag lag die Insel der Frauen vor ihnen. Die Bewohnerinnen hießen sie am Ufer herzlich willkommen. Ein Jahr lang blieben die Männer bei den Inselfrauen. Es war eine Zeit des Friedens und des Glücks. Doch dann befiel einen der Gäste Heimweh und er überredete die anderen zurückzusegeln.

Bei der Verabschiedung mahnten die Frauen die reisefertigen Männer, ihr Schiff ja nicht zu verlassen oder gar einen Fuß auf irischen Boden zu setzen. Unterwegs nahmen die Reisenden noch den Gefährten von der Fröhlichkeitsinsel mit. Zwei Tage später war die Küste Irlands erreicht.

Am Ufer tauchten Neugierige auf, da stellte Bran sich vor und erzählte den Leuten, dass er ein Jahr unterwegs gewesen sei. »Ja, da gab es einmal einen Bran, der mit 30 Leuten die Insel verlassen hat«, wurde ihm geantwortet. »Aber das ist Hunderte von Jahren her!« Denn er war nicht ein Jahr unterwegs gewesen, sondern mehrere Jahrhunderte.

Einer der Männer, Nechtan, den zuerst das Heimweh befallen hatte, sprang von Bord und lief auf seine Landsleute zu. Am Strand zerfiel sein Körper zu Staub. Jetzt wurde allen die Bedeutung der Warnung der Frauen klar. Schleunigst ruderten die Männer auf das offene Meer zurück. Was ist aus ihnen geworden? Man weiß es nicht. Aber sie kannten ja den Weg zur Insel der Frauen …

Ungewöhnliche Plätze, markante Landschaften, Höhlen, Erd- und Felsspalten – die Natur bot unzählige Orte, die man mit der Anderswelt assoziieren konnte. Jeder Fluss und jeder See, jeder noch so kleine Bach wurde von Wasserwesen bewohnt. Da musste man immer damit rechnen, dass sich am Ufer eine Meerjungfrau die Haare kämmte.

Zu den bekanntesten und populärsten Wesen der Anderswelt, von denen seit der Zeit der Kelten bis heute in zahlreichen Erzählungen die Rede ist, zählen ganz sicher die schon erwähnten Feen und Elfen. In unseren Volksmärchen und in den volkstümlichen Sagen begegnen wir ihnen oft. Sie zeigen sich den Menschen ab und zu und können in deren Leben eingreifen. Manchmal ist das für den Betreffenden gut, manchmal nicht, wie wir gesehen haben. In Irland bezeichnet man die Feen und Elfen auch als das »gute« oder das »stille Volk«. Bei uns waren es die Brüder Grimm, die diesem im Jahr 1862 ein ganzes Buch widmeten. Es heißt *Irische Elfenmärchen.*

Beleidige nie eine Fee

In Irland, dem Land, in dem sich die keltische Tradition am besten bewahrt hat, versteht man unter einer Fee eine weibliche Bewohnerin der Anderswelt. Die männlichen Bewohner werden als Elfen bezeichnet. Andernorts wurde und wird nicht so genau unterschieden. Beleidigt man eine Fee, vermag sie Menschen und Tieren großen Schaden zuzufügen, der bis zum Tod führen kann. Feen haben aber auch schöpferische und heilende Fähigkeiten. Bis heute ehren alte Adelsfamilien in Irland ihre eigene *Banshee* als Schutzfee ihres Clans.

Die weinende Banshee

Wenn ein Mitglied einer irischen Familie stirbt, zeigt sich vorher eine *Banshee.* Zumindest gilt dies für die alten Clans mit langer Tradition. Sie kommt aus den Hügeln der Anderswelt. Zur Zeit der Kelten wuschen die *Banshees* die blutigen Kleidungsstücke und Rüstungen der verletzten Kämpfer, die dann wussten, dass sie sterben würden.

Was sind die Merkmale einer *Banshee?* Es ist hilfreich, diese zu kennen, denn dann kann man sich, wenn man eine sieht, schon einmal auf das Kommende vorbereiten. Nun, eine *Banshee* trägt weiße Kleider, ebenso weiß ist auch ihr Gesicht. Auch ihre langen Haare sind meistens weiß, können aber auch schwarz sein. Nein, jung und schön ist sie ganz sicher nicht. Eher alt. Und sie hat rote Augen. Denn sie muss die Todgeweihten beweinen.

Dazu setzt sie sich bei einer Familie ans Fenster, wenn dort bald jemand sterben wird. Dann kann man sie weinen hören. Alteingesessene irische Familien haben alle eine eigene *Banshee.* Sie kommt zum Stammhaus der Sippe und weint dort ihre Totenklage, auch wenn der bald Sterbende nicht im Haus weilt. In Schottland hingegen, da setzt sich die *Banshee* nicht ans Fenster. Sie wäscht ein Totenhemd in freier Natur.

In Irland war von *Banshees* schon zu Zeiten der Kelten die Rede und sie wurden in allen folgenden Jahrhunderten gesehen.

So beispielsweise auch in Cork, wo der Pfarrer harmlos erkrankt schien. Seine Tochter schickte einen Hirten aus, um Medizin zu holen. Auf dem Rückweg lief eine Banshee *neben ihm her, laut weinend und in die Hände klatschend. »Du täuschst dich sicherlich«, sagte die Tochter später zu dem Hirten, »es ist nicht so schlimm. Aber erzähle niemandem etwas davon.« Doch dann hörten auch die Nachbarn die* Banshee *vor dem Fenster des Kranken. Allerdings sah niemand sie. Doch am anderen Morgen war der Pfarrer tot.*

Die Gebrüder Grimm haben selbst nach diesem Pfarrer geforscht. Er hat Carl Bunworth geheißen. Der Priester muss sehr beliebt gewesen sein, wie alte Aufzeichnungen belegten. Viele Menschen hatten seinen Rat gesucht. Berühmt war er als Harfenspieler gewesen, eine seiner Harfen befand sich noch in Familienbesitz.

Wandernde Musikanten hatten bei ihm stets eine offene Tür und gastfreundliche Aufnahme gefunden. So waren Lieder entstanden, die die Weisheit des Geistlichen und die Schönheit seiner beiden Töchter priesen. Als der gute Mann tot war, fand man in seiner Scheune 15 wertvolle Harfen. Ein unmusisches Familienmitglied soll sie später zum Feuermachen benutzt haben.

Die Gebrüder Grimm haben auch Leute getroffen, die das Erscheinen der Banshee bezeugen konnten. Ein Hirte namens Kavanagh beschrieb sie als weißhaarige Alte, die den Namen des Pfarrers gerufen, sich bei einem Friedhof unter einen vom Blitz gespaltenen Baum gesetzt und bitterlich zu wehklagen begonnen habe. In der Todesnacht waren mehrere Menschen in des Pfarrers Haus gewesen. Und sie alle hatten das Klatschen der Hände und das tiefe Jammern gehört. Am nächsten Tag hatten es dann alle gewusst: Es war eine Banshee *gewesen.*

Was unterscheidet die Anderswelt so stark von der menschlichen? Nun, dort kann es zum Beispiel ewige Jugend geben oder ewiges Leben. Zudem ist die andere Welt viel stärker durch das Weibliche geprägt, oft sind die Frauen die bestimmenden Akteurinnen. Auch dort gibt es Natur, Bäume, Blumen, Sträucher und Tiere. Aber alle sind verwunschen, verzaubert. Durchaus leben in der Anderswelt auch Männer, Frauen und Kinder, die ihren Beschäftigungen nachgehen. Allerdings geht es dabei nicht um den reinen materiellen Erwerb. Spiel und Tanz, Musik und Zauberei und auch heilende Aspekte spielen dort eine viel größere Rolle. Für die Bewohner der Anderswelt ist die menschliche die der Sterblichen, denn die Feen sind unsterblich.

Elfen im Zorn

Ein junger Bursche, kräftig von Statur und unerschrocken, traute sich an die geheimnisvollsten Orte, ohne dass ihn etwas davon abhalten konnte. Natürlich betrat er auch die Plätze, die die Elfen bewohnten, und dachte sich nichts dabei. Eines Tages ritt er auf seinem Pferd aus und traf unterwegs einen Mann auf einem weißen Ross. Es war schon Nacht und er schloss sich dem Fremden an. Irgendwann fragte er den anderen, wie lange er noch zu reiten habe. Dieser antwortete: »Ich will hinauf auf die Spitze des Berges.«

»Weshalb zu dieser späten Stunde?«

»Ich will zum stillen Volk!«

»Den Elfen?«

»Ja, aber bitte reden Sie leise darüber. Gute Nacht, ich muss hier hinauf.«

Unser Bursche dachte bei sich, dass er sich vor den Elfen nicht zu fürchten brauche. Im Mondlicht sah er auf einer Anhöhe die Gestalt eines Mannes auf einem Pferd. »Das muss wohl der Sonderling von vorhin gewesen sein«, dachte er im Stillen. Doch nun packte ihn die Neugier. Er band sein Pferd fest an einen Baum und stieg den Hügel zu Fuß hinauf. Er benötige drei Stunden. Oben, auf der mit grünem Rasen bewachsenen Kuppe des Berges, sah er das Pferd des Mannes ruhig grasen. Als er sich langsam umschaute, entdeckte sein Auge in der Nähe des Pferdes eine Höhle. Da erinnerte er sich an Erzählungen aus seiner Kindheit, in denen es hieß, dies sei der Eingang in die Anderswelt. Einmal habe es einen Mann gegeben, der mit einem langen Seil in die Höhle hinabgestiegen und nie wieder herausgekommen sei.

Den Burschen befiel der Gedanke, dass es für ihn nun an der Zeit sei herauszufinden, ob es das stille Volk tatsächlich gebe. Er suchte sich also den dicksten Stein, den er finden konnte, und schleuderte ihn in das dunkle Loch. Neugierig schaute er hinab in den schwarzen Schlund des Berges, um zu hören, wann der Stein aufprallen würde. In dem Moment kam dieser wie ein Geschoss aus der Tiefe zurück und traf den Jungen so heftig am Kopf, dass er nach hinten fiel und den Berg hinabrollte, wobei er mehrfach an Felsen stieß. Am nächsten Tag fand man ihn neben seinem Pferd liegend. Er blutete und seine Nase war gebrochen. Er ging nie wieder auf den Berg und wenn jemand auf das stille Volk zu sprechen kam, wandte er sich sofort ab.

Die geschickten Lichtwesen

In der alten walisischen Sprache, dem Kymrischen, werden sie *Ellyll* genannt, in Irland heißen sie *Ailill.* Beides bedeutet so viel wie »der/die Andere(n)«. Die englische Bezeichnung ist *Elf* (*Elves* in der Mehrzahl). In der Mythologie Nordeuropas spielen die Elfen eine sehr große Rolle. Man weiß nicht genau, ob der ursprüngliche Begriff in Europa entstanden oder aus Indien zu uns gekommen ist. Jedenfalls ist mit dem indogermanischen Wort *albh* eine Art Lichtgestalt gemeint. Uns begegnen Elfen wie auch Zwerge in den Sagen und Mythen oft als geschickte Handwerker, beispielsweise als Schmiede ganz besonderer Werkzeuge, die sie den Menschen zur Verfügung stellen. Im deutschen Sprachraum sagt man »Elfen« oder bis ins 18. Jahrhundert hinein »Elben« (»Elb« oder »Alb« in der Einzahl). Was heute ein »Hexenschuss« ist, wurde in früheren Zeiten als »Albenschuss« bezeichnet. Auch unser Wort »Albtraum« steht damit im Zusammenhang.

Ein Muss im Umgang mit Elfen: Respekt

Das Elfenvolk wurde in keltischer Zeit mit Respekt behandelt. Im christlich geprägten Mittelalter war der Begriff »Alb« dann eher mit Ängsten belegt. Man vermutete dahinter boshafte Zwerge oder Kobolde, die den Menschen in der Nacht auflauerten. Mancherorts wurde auch geglaubt, dass kürzlich Verstorbene sich in Alben verwandeln könnten. Kam der Alb nachts zu seinem Opfer, dann legte er sich auf die Brust des Schlafenden und sorgte so für Atemnot und Albträume, die auch als »Albdruck« bezeichnet wurden.

Es ging auch durchaus die Angst um, nachts von einem Alben besetzt zu werden, wenn man mit offenem Mund schlief. Besonders vorsichtige junge Mütter achteten darauf, nachts auf dem Bauch zu schlafen – das hinderte einen Alb nicht nur dran, sich auf ihre Brust zu setzen, sondern auch, von ihrer Muttermilch zu trinken.

Wer die Bücher von J. R. Tolkien gelesen hat, erkennt dort die Elben als den Menschen in den meisten Dingen überlegene Wesen: Sie sind unsterblich, werden nie krank, sind schlauer, körperlich stärker und geschickter. Trotzdem haben sie auch wie wir Eigenschaften, die man gemeinhin als Unzulänglichkeiten bezeichnet. Die Vorstellung, dass die meisten Elfen gute Gestalten sind, friedfertig und kooperativ, hat sich seit der keltischen Zeit erhalten und ging in die Literatur ein. Sie können aber auch kämpferisch werden, beispielsweise, wenn es um den Erhalt ihres Lebensraumes geht.

Spitzohrige, musikalische Verführer

Ein markantes Merkmal aller Elfen bis in die heutige Zeit sind ihre spitzen Ohren, ansonsten erscheinen sie den Menschen optisch als sehr attraktiv. Sie sind meistens begabte Musikanten. Die Kelten waren der Ansicht, dass die Elfen als ältere Rasse bereits weit vor den Menschen existierten. Und es kam gar nicht so selten vor, dass Menschen mit Elfen Kinder zeugten.

Wir haben schon erwähnt, dass Feen den Menschen helfend zur Seite stehen können, aber auch in der Lage sind, ihnen groben Schaden zufügen. Im Volksmärchen vom Dornröschen wird dies sehr deutlich, wir alle kennen es. Und dann können die Feen den Menschen auch einen sogenannten Wechselbalg unterschieben. Das sind Kinder aus der Anderswelt, die bei Menschen aufwachsen sollen.

Manche Wesen mit spitzen Ohren sind mit Vorsicht zu genießen! Grafik von John Dickson Batten.

Ein Thema, das in Erzählungen immer wieder auftaucht, ist die Heirat zwischen einem Mann aus der Menschenwelt und einer Fee. Solch eine Verbindung hat sehr oft für die Fee den Effekt, dass sie ihre Unsterblichkeit verliert.

Kinder aus diesen Verbindungen haben eigentlich immer besondere Fähigkeiten. Es war ein großes Anliegen der Kelten, solche Kinder zu zeugen, denn sie wurden häufig zu wertvollen Anführern einer Gemeinschaft.

Die Feen haben eine große Affinität zur Musik. Es gibt viele Geschichten, in denen deutlich wird, dass die Musik Menschen die Möglichkeit bietet, in die Anderswelt zu gelangen. Wer als Mensch in der anderen Welt gut musiziert, dem sind die Feen gewogen, dem bringen sie Heilung oder schenken ihm ein ganz besonderes Instrument. Auch Wechselbalgen ist die Neigung zur Musik übrigens oft zu eigen.

Der Wechselbalg

Eine Frau hatte ihr erstes Kind bekommen und liebte es, wie eine Mutter ein Kind nur lieben kann. Doch dann geschah etwas Schlimmes. Über Nacht war aus dem gesunden, blauäugigen Knaben ein unaufhörlich schreiender Wicht geworden, den seine Mutter nicht mehr wiedererkannte.

Der Verdacht wurde von den anderen Frauen in der Umgebung bestätigt: »Ein Wechselbalg! Dein richtiges Kind wurde vertauscht und ist jetzt in der Anderswelt!« All die rabiaten Mittel, die der Mutter empfohlen wurden (»Leg es lebendig auf einen glühenden Rost!«, »Lass es über Nacht im Schnee draußen liegen!« und so weiter), um ihr eigenes Kind wiederzubekommen, gefielen dieser nicht. Zwar war das Wesen, das sie nun auf dem Arm trug, ein spindeldürres Rippengestell mit faltigem, welkem Gesicht, aber es war immer noch ein hilfloses, bedauernswertes Geschöpf. So dachte sie.

In der Gegend lebte eine weise Frau. Diese konnte nicht nur Warzen entfernen, sondern wusste auch ganz allgemein, was für die Menschen gut oder schlecht war. Sie war eine Seherin. Dieser Frau berichtete die Mutter von ihrem Problem mit dem ausgewechselten Kind. »Bist du dir sicher, dass dies die Elfen getan haben?«, fragte die Frau. »Ja, ganz sicher«, antwortete die Mutter. »Dann habe ich hier für dich einen Rat: Bringe Wasser in einem großen Kessel zum Kochen. Nimm dann die Schalen von zwölf Eiern und wirf sie in das kochende Wasser. Dabei wirst du dann erfahren, ob es dein eigenes Kind ist, das sich nur verändert hat. Ist es aber ein Wechselbalg, so nimm die glühende Feuerzange und stoße sie ihm in den Rachen. Dann wirst du kein Problem mehr mit ihm haben.«

Mann mit Wechselbalg. Unbekannter Künstler.

Die Mutter schritt sofort zur Tat und machte Feuer. Als sie die Eier aufschlug, begann der kleine Junge zu sprechen, was er bisher noch nie getan hatte. Mit der Stimme eines alten Mannes fragte er: »Was tust du da, Mutter?« Die Frau war zwar erstaunt, aber auch beschäftigt und antwortete: »Ich braue!« »Und was braust du?«, hakte der Knabe nach. Die Frau wartete darauf, dass das Eisen glühend wurde, denn ihr war bewusst geworden, dass sie gerade mit einem Wechselbalg sprach. »Ich braue Eierschalen«, erwiderte sie.

Da setzte sich das Kind auf, hob die Hände und rief: »Ich bin schon 1500 Jahre alt und habe noch nie davon gehört oder gesehen, dass man Eierschalen braut!« Die Mutter sah, dass das Eisen im Feuer glühte und griff danach. Sie eilte zur Wiege, rutschte dabei aus und das Eisen glitt über den Boden in eine Ecke des Hauses. Sie stand schnell wieder auf, wollte das Kind nehmen und es in das kochende Wasser werfen. Doch was erblickte sie da? Ihren eigenen kleinen Sohn, sanft und ruhig schlafend, schön und gesund. Da weinte die Mutter vor Glück.

Noch ein Wechselbalg

Eine junge Mutter legte ihr kleines Kind, bevor sie an ihre Arbeit auf dem Feld ging, in eine Kuhle am Feldrand. Nach der Ernte hob sie den Säugling auf und sah, dass er nur noch halb so groß war wie zuvor und ganz anders aussah. Außerdem schrie er unentwegt. Die Frau, die vermutete, dass ihr da ein Wechselbalg untergeschoben worden war, ging mit dem Kind zu einer weisen Frau.

Diese hatte einen simplen Vorschlag: dem Kind wenig zu essen zu geben und es regelmäßig zu schlagen. Das schien geholfen zu haben, denn nach einer Woche lag das ursprüngliche Kind wieder bei der Mutter im Bett. Dem Elfen, den man ihr untergeschoben hatte, hatte die Behandlung verständlicherweise nicht gefallen und er war in die Anderswelt zurückgekehrt. Manchmal muss man eben auch zu rabiaten Methoden greifen.

Von damals bis heute

Die Feenmärchen haben sich durch die Geschichte bewegt und sie tun dies bis heute. In französischen Adelskreisen des 17. und 18. Jahrhunderts waren solche Erzählungen sehr beliebt. Der Adel hatte die Zeit, sich intensiv damit zu beschäftigen. Neben männlichen Autoren wie Charles Perrault oder Antoine Galland waren es vielfach adelige Frauen, die Freude daran fanden, Feengeschichten zu Papier zu bringen. Namen wie Catherine d'Aulnoy, Henriette-Julie de Castelnau de Murat oder Sophie de Ségur sind heute noch bekannt. Die größte Sammlung an Feenmärchen (41 Bände) schuf in den 80er-Jahren des 18. Jahrhunderts Charles-Joseph Mayer.

Natürlich war es im 19. Jahrhundert von den vornehmen französischen Kreisen nicht weit bis auf die Bühne. Aus der literarischen Gattung der *Féerie* (Zauberwelt) entwickelten sich Bühnenzaubereien unter Nutzung komplexer Bühnentechnik. In Wien, wo zu jener Zeit Volkskomödien Hochkonjunktur hatten, wurden die französischen Feenmärchen auf den sozialen Alltag umgedichtet und gaben dem oftmals Tristen einen zauberhaften Anstrich. Natürlich blieb es nicht aus, dass sich auch die Komponisten der Feenwelt zuwandten, wie etwa Johann Strauß junior (»Feenmärchen«) oder Richard Wagner (»Die Feen«). In der heutigen Zeit ist das Interesse an Feenmärchen ungebrochen, man denke nur an Disneys »Tinker Bell« oder an »Die Schöne und das Biest«. Diesen allen ist gemein, auch wenn wir uns dessen nicht immer bewusst sind, dass sie tief in der alten keltischen Tradition wurzeln.

Irische Buchmalerei auf Pergament aus dem 8. Jahrhundert im Archiv der Stiftsbibliothek St. Gallen.

Die Druiden waren die spirituelle und geistige Elite innerhalb der keltischen Gesellschaft. Regelmäßig fanden Druidentreffen an speziellen Orten in der Natur statt. Farblithografie von Joseph Martin Kronheim.

Nachts kommen die unfreundlichen Alben aus der Anderswelt und setzen sich den Schlafenden auf die Brust, um so Alpträume und Atemnot zu erzeugen. Dieser (Aber-)Glaube hielt sich seit keltischer Zeit recht lange. Gemälde von Johann Heinrich Füssli.

Feen in der Anderswelt. Gemälde von Joseph Noel Paton.

Wiesenelfen. Gemälde von Nils Blommér.

Links: Wasserwesen aus der Anderswelt. Gemälde von Gaston Bussière.

Unten: Wenn die Wellen auf dem Meer stürmisch tobten, dann feierten die Wasserwesen ein Badefest. In keltischer Zeit hatte man für jedes Naturgeschehen eine Erklärung, die mit der Anderswelt in Zusammenhang stand. Gemälde von Ernst Albert Fischer-Cörlin.

Nächste Seite: Nahezu jedes Gewässer hatte in der Vorstellungswelt der Kelten andersweltliche Bewohner. Da konnte es leicht geschehen, dass man einer rothaarigen Seejungfrau begegnete. Farblithografie von Franz Hein, 1904.

Teil 2

Götter und Helden

Der Gott Lug besaß einen magischen Speer, der sein Ziel niemals verfehlte. Gemälde von Harold Robert Millar.

Nun ist es an der Zeit, uns den »klassischen« keltischen Göttern, Halbgöttern und Helden zuzuwenden, deren wichtigste wir hier betrachten wollen, ohne Anspruch auf Vollständigkeit.

Die wichtigsten keltischen Götter

Im keltischen Pantheon gab es im Grunde Gottheiten für alle Lebensbereiche, etwa für die Fruchtbarkeit und das Leben, aber auch Todesgötter.

Im alten Irland sprach man insbesondere dreien große Macht in der Anderswelt zu: Donn, Goll mac Duilb und Tigernmas.

Donn, ein Sohn des Gottes Dagda, und sein Gefolge, die Túatha Dé Danann (darüber wird später mehr zu berichten sein), zogen sich in Elfenhügel zurück (auf Irisch nennt man die Elfen *sidhe*). Er wohnt nach der traditionellen Überlieferung in einem »Totenberg« im heutigen County Limerick.

Der zweite bedeutende Gott, Goll mac Duilb, hatte nur ein Auge. Er war der König im »Land der Freude«, einer weiteren Bezeichnung für die Andere Welt.

Tigernmas gilt als der König, der den Bergbau in Irland einführte, und repräsentiert als Gott des Todes und des Reichtums zwei Pole. Er starb an Samhain.

Julius Caesar hat davon berichtet, dass alle Gallier – so nannten die Römer die keltischen Stämme auf dem Gebiet Galliens – von sich behaupteten, Nachfahren des Vater- und Todesgottes Dispater (»Reicher Vater«) zu sein. Die Druiden erzählten den Menschen von der Wanderung der Seelen und dass der Tod gleichzeitig der Beginn eines neuen Lebens sei.

Die älteste religiöse Praxis

Einem sizilianischen Gelehrten namens Diodor, der ein Zeitgenosse Caesars war, verdanken wir die Hinweise darauf, dass die keltischen Druiden schamanische Praktiken angewendet haben. Der Schamanismus ist die älteste Heilungspraxis der Welt und von religiösen Themen nicht zu trennen. Die Schamanen heilen in Verbindung mit der Welt der Geister. Sie haben Zutritt zur »anderen Seite« und berichten ihren Mitmenschen, was sie dort sehen und erleben. Mithilfe pflanzlicher Drogen, meditativer Riten, yogaähnlicher Körpertechniken und monotoner Rhythmen versetzen sie sich in Trance und gehen auf die innere Reise. So sind sie Mittler zwischen den Welten, also dem feinstofflichen, für den Normalsterblichen nicht sichtbaren Bereich und der materiellen Welt der Menschen, Tiere, Pflanzen und Mineralien.

Von den Druiden hatten die Kelten auch ihr Wissen über die Götter, denn jene waren nicht nur heilkundige Schamanen, sondern auch Priester. Und der Gottheiten gab es viele, heute sind 400 Götternamen bekannt, von denen man die meisten an einem speziellen Ort, mit dem sie in Verbindung gebracht wurden, verehrte. Diese Orte waren zumeist Quellen oder andere Gewässer, auch Hügel, Berge oder Kraftplätze in der Natur. In keltischen Sprachen bezeichnete man einen männlichen Gott als *devo* oder *divo,* Göttinnen als *deva*. Moderne Esoteriker verwenden diese Begriffe auch in der heutigen Zeit.

Götterverehrung

Der berühmte Kessel von Gundestrup zeigt uns die heute bekannteste keltische Götterdarstellung, den Waldgott Cernunnos. Er sitzt mit untergeschlagenen Beinen in der für keltische Götterdarstellungen typischen »Buddhahaltung« und trägt auf seinem Kopf ein markantes Hirschgeweih. Man kann ihn sich im dänischen Nationalmuseum in Kopenhagen anschauen. In der einen Hand hält er einen keltischen Halsreif (*Torques*) und in der anderen eine Schlange mit Widderkopf. Er ist von zahlreichen wilden Tieren umgeben.

Die Kelten bauten ihren Göttern keine Tempel, sie verehrten sie in der Natur. Diese speziellen Orte der Götterverehrung blieben auch in nachkeltischer und christlicher Zeit Wallfahrtsziele für die Bevölkerung. Göttermythen, die mit den heiligen Plätzen in Verbindung standen, wurden von den christlichen Priestern durch Heiligenlegenden ersetzt. Die ersten Missionare, die den Menschen im alten Keltenland die Botschaft von ihrem Gott und dessen Sohn brachten, taten dies absichtlich an den Kult- und Kraftplätzen. Ihnen war die Wichtigkeit der Orte bekannt und sie nutzten deren Ausstrahlung.

So wurden aus den einstmals keltischen Kultplätzen christliche Wallfahrtsstätten. Auch heute noch steht eine große Zahl der bedeutendsten Kathedralen wie auch so manche kleinere Stadt- oder Dorfkirche auf Plätzen, deren sakrale Nutzung bis in die keltische beziehungsweise Bronzezeit zurückzuverfolgen ist.

Göttliche Paare

Die keltische Götterwelt war nicht geordnet und auch nicht einheitlich. Vielmehr wurden von den unterschiedlichen Völkern oder Stämmen an bestimmten Orten lokale Gottheiten verehrt. Manche davon waren allerdings auch so beliebt geworden, dass sie eine überregionale Bedeutung erlangt hatten. Teutates etwa. Er war der Göttervater. Taranis war der Donnergott und für das Wetter zuständig. Der Gott Esus brachte der Natur die Fruchtbarkeit. Die wenigsten Götter traten als Einzelpersonen auf, fast alle hatten eine Entsprechung im anderen Geschlecht, beinahe jeder Gott war mit seiner Göttin verbunden, jede Göttin mit ihrem Gott. Damit verkörperten die Götterpaare gemeinsam das männliche und das weibliche Prinzip.

Gott und Göttin feierten an bestimmten Daten die »heilige Hochzeit«, einen für die Natur wie auch die Menschen wichtigen, Fruchtbarkeit bringenden Akt. Auf dieses Thema werden wir an anderem Ort noch ausführlich eingehen.

Einen besonderen Stellenwert hatten Muttergöttinnen für die Kelten. Auch nach der Christianisierung spielte für die Menschen der Bezug zum mütterlichen Wesen dieser Göttinnen weiterhin eine Rolle. Die frühe Kirche musste hier tätig werden und entsprechenden Ersatz liefern. Der christliche Gott war männlich, auch sein Sohn. Darum wies man den Frauen, die in der Bibel eine Rolle spielten, besondere Rollen zu. In erster Linie zunächst Maria Magdalena, später auch Jesu Mutter Maria und deren Mutter Anna.

Götter waren real

Wir dürfen heute davon ausgehen, dass die jenseitige Welt von den Kelten als real aufgefasst wurde. Götter, Elfen, Feen, Pflanzen-, Erd- und Wassergeister waren feste Bestandteile der Anderswelt und konnten auch jederzeit in der fassbaren Umgebung auftauchen. Die Bewohner der anderen Sphäre vermochten nach freiem Belieben zwischen der Menschenwelt und dem göttlichen Bereich zu wechseln.

Die Zahl der keltischen Göttinnen und Götter ist kaum zu überschauen oder zu erfassen. Die Vielzahl ermöglichte es den Menschen, sich ihre Lieblingsgötter auszusuchen. Dies machte Religion zu einer individuellen Sache. Die Götterpersonen waren sehr oft spirituelle Manifestationen der Naturkräfte. Viele spielten, wie bereits erwähnt, nur regional eine Rolle, andere wurden in der gesamten keltischen Welt verehrt. Ähnlich wie katholische Heilige, die später dem einfachen Volk als

Ersatz für die heidnischen Lokalgottheiten angeboten wurden, hatte jeder Gott ein Gebiet, für das er zuständig war.

Das ABC der Götter

Geht man alphabetisch vor, dann trifft man ganz vorne auf den Gott Alaunius. Er ist ein Sonnen-, Heil- und Wahrsagegott; sein Verehrungsgebiet reichte vom Süden des heutigen Frankreichs bis in die Region von Mannheim. Der keltische Stamm der Alauni hat sich nach ihm benannt. Sein Name lässt sich in etwa mit »Schatz der Harmonie« übersetzen. Amarcolitanus war ein Gott, der »ins Weite schauen« konnte. Er soll Weitblick besessen und als Gott für wichtige Entscheidungen gegolten haben. Der »große Beschützer« war der in Gallien und Britannien verehrte Anextlomarus. Zu ihm gab es auch eine weibliche Entsprechung mit einem »A« am Namensende: Anextlomara. »Stark für die Landwirtschaft« war der Bauerngott Arvalus. Er hatte zudem mit Heilung zu tun, denn sein Name tauchte auch oft an heilkräftigen Quellen auf.

Die meisten Spuren hat neben der Göttin Epona der Gott Belenus hinterlassen. Im Bellenium, dem halluzinogenen Bilsenkraut, klingt sein Name heute noch nach. Ein wichtiger Gott der Heil- und Thermalquellen war Bormo (»der Kochende«). Einer der bedeutendsten war und ist Cernunnos. Der gehörnte Gott ist der Herrscher über die Natur, die Tierwelt und auch für die Fruchtbarkeit zuständig. Spuren seiner Verehrung finden sich von Rumänien bis nach Britannien. Der berühmte Kessel von Gundestrup, den man 1891 in Dänemark gefunden hat, gibt heute noch ein kunstvolles Zeugnis davon ab. Auch unter der Kathedrale Notre-Dame in Paris fand man ein Relief, das Cernunnos zeigt. Auffallend ist seine schon weiter oben erwähnte Buddhahaltung. Es gibt diverse Abbildungen indischer Götter, die ganz ähnlich aussehen. Große Parallelen zwischen Cernunnos und dem heute populären Green Man sind zu erkennen. Sehr wahrscheinlich war er dessen Vorgänger. Beim Stichwort »der Gehörnte« denken die meisten Menschen vermutlich an eine oder mehrere Figuren, die wir gemeinhin als Teufel bezeichnen. Teufel haben in unserer Kultur ein negatives Image, gelten sie doch als Gegenspieler der himmlischen Akteure. Zur Zeit der Kelten war dies anders. Gehörnte Götter waren hochverehrt, allen voran eben der Natur- und Fruchtbarkeitsgott Cernunnos. Vermutlich war er der Stammesgott der Karnuten, eines gallischen Stammes, in dessen Gebiet sich das zentrale Heiligtum der Gallier befand.

Seinen Namen wissen wir nicht von den Römern, sie haben nichts über ihn aufgeschrieben. Doch gibt es steinerne Inschriften und auch Darstellungen in Bildform, zum Beispiel auf dem berühmten Kessel von Gundestrup. Wie beliebt und wichtig dieser Gott war, zeigt uns die Tatsache, dass man seine Spuren auf den Britischen Inseln, in Gallien, Spanien, Italien und Rumänien fand. Die Hörner auf Cernunnos' Kopf waren keine kleinen Spitzen, wie wir sie von »unserem« Teufel kennen, es war ein prächtiges Hirschgeweih.

Der Grüne Mann ist eine mythische Figur, die mit Cernunnos in engem Zusammenhang steht. Auch er ist der Gott des Waldes, auf einer Darstellung trägt er jedoch kein Hirschgeweih, sondern Blätter um seinen Kopf und auch darauf – sie sind seine Haare, sein Bart, manchmal wachsen sie ihm auch aus dem Mund.

Wer sich die Fassaden gotischer Kathedralen einmal genauer anschaut, findet das Gesicht des Grünen Mannes oft – in der Architektur spricht man von »Blattmaske«, bei der weiblichen Entsprechung von der »Rankenfrau«. Deren Ursprung geht möglicherweise zurück auf Abbildungen wie jene, die auf der Pfalzfelder Säule, einer keltischen Stele, aus dem vierten Jahrhundert v. Chr. im LVR-LandesMuseum Bonn zu sehen ist: ein Kopf mit Mistelblättern in Form einer Blattkrone.

Cernunnos und andere gehörnte keltische Götter stellten das männliche Gegenstück zur jeweiligen Muttergöttin dar. In der Welt der Kelten spielten die Polaritäten eine wichtige Rolle. Der Kult der Verbindung von Gott und Göttin wurde vermutlich noch lange im Verborgenen aufrechterhalten. Die Kirche versuchte ihn zu unterbinden und erfand die Gestalt des Teufels, dem man optisch die Merkmale des verehrten guten Naturgottes

Blattmasken. Skizzen von Villard de Honnecourt.

gab. Aus Muttergöttinnen machte man böse weibliche Gestalten, die unzüchtige Dinge mit dem Gehörnten taten. In späteren Jahrhunderten war diese Umformung Basis für die Hexenverfolgungen, denen tausende Menschen zum Opfer fielen.

Die Kelten feierten das Miteinander des Gehörnten Gottes und der Großen Göttin im Verlauf des Jahreskreises. Im Frühjahr wird der Gott als Kind der Großen Mutter geboren. Es folgt eine Zeit der Initiation. Im Frühling/Sommer kommt der Zeitpunkt der heiligen Hochzeit des Paares. Der Gehörnte Gott stirbt im Herbst und wird zum Herrscher der Anderswelt. Im Winter wird er wiedergeboren, nachdem er sich selbst gezeugt hat, und ein neuer Jahreszyklus beginnt.

Der »gute Gott« Esus ist ebenfalls ein Fruchtbarkeitsgott. Erhaltene Bilder geben ihn mit einem von Mistelblättern umkränzten Haupt wieder. Grannus war der Partner der Göttin Sirona. Beide spielten eine große Rolle an heißen Quellen. Aquae Granni, die heutige Stadt Aachen, war ihm geweiht. Inschriften mit seinem Namen fand man in vielen keltischen Regionen. Dieser wird häufig mit »Sonne« übersetzt, der seiner Partnerin mit »großer Stern«. Wahrscheinlicher ist jedoch, dass der Name Grannus vom keltischen *Grasnos* (»Wärmer«) herrührt, was dann später im Altirischen eine Bedeutungsverschiebung über »warm« hin zu »Sonne« erfuhr.

Der »Gott des schönen Lebens« ist Lug. Er wurde auch »der Scheinende« genannt, denn er galt als hervorstechender Alleskönner. Mit seinem großen Bezug zum Licht und zur Sonne gingen von ihm starke Heilkräfte aus. Das Fest zu seinen Ehren wurde am 1. August gefeiert: Lugnasad. Es ist eines der vier großen keltischen Jahreskreisfeste. Man bat Lug an diesem Tag um eine gute Ernte.

Die Nordbritannier verehrten Maponos als Gott der Fruchtbarkeit, des Lichts und der Jugend. Er wird auch als der junge Sonnengott gesehen, den die Muttergöttin auf die Welt bringt.

Der heute noch viel benutzte Ausspruch »Schwein haben« geht auf den Glücksgott Moccus (»Schwein«) zurück. Vor allem Händler und Kaufleute hatten ihn zum Schutzpatron erwählt und erhofften sich von ihm gute Geschäfte.

In Gallien tauchte Moritasgus als Heilgott auf, mit der Göttin Damona als Gefährtin. Lange hat man gerätselt, was sein Name (»großer Dachs«) zu bedeuten haben könnte. Vermutlich geht er auf ein Heilmittel der Druiden zurück, das aus einem Dachssekret gewonnen wurde. Ein Gott, der bei den Galliern hoch im Kurs stand, dessen Name man aber bisher nicht übersetzen konnte, ist Mullo. Er war bei den Galliern als Heilgott der Sehkraft für gesunde Augen zuständig.

Bei den Britanniern wurde eine Gottheit namens Nodons als Heilgott für alles, was mit Wasser zu tun hat, angerufen. Gleichzeitig fungierte er aber auch als Schutzpatron der Hunde und Fische. An seinem Heiligtum in Lydney Park in Gloucestershire fanden sich mehrere Votivgaben, auf denen diese beiden Tierarten abgebildet waren.

Die hochangesehene mündliche Dichtkunst der Inselkelten geht auf einen Bruder der Götter Dagda und Lug zurück. Er hieß Ogma und war der Schutzgott der Barden. Man schrieb ihm die Erfindung der keltischen Oghamschrift zu. Gleichzeitig gab es auch einen Gott des gesprochenen Wortes. Jener mahnte regelmäßig zur Vorsicht im Umgang mit der Schrift. Sein Name war Ogmios und sein Zuständigkeitsbereich die nur mündlich von Eingeweihten an Einzuweihende weitergegebenen Wissensbereiche der Druiden.

Der Heilgott Telesphoros war gewissermaßen interreligiös, denn er findet sich auch im griechischen Götterkosmos, wo er zusammen mit Asklepios und Hygieia eine Triade (Dreiheit) bildet. Sehr wahrscheinlich kam sein Kult um 300 v. Chr. mit den Galatern nach Kleinasien.

Dian Cecht war der oberste Heiler des mythischen Volkes der Túatha Dé Danann, von denen bereits die Rede war. Man sagte von ihm, er könne im Kampf ausgestochene Augen wieder sehend machen und aus Silber Ersatzhände für Kämpfer herstellen, die die ihren in der Schlacht eingebüßt hatten. Legendär war seine Quelle des Lebens. Dorthinein wurden getötete Krieger getaucht, um anschließend wieder zum Leben zu erwachen. Er wurde anscheinend noch im Mittelalter verehrt, denn im achten Jahrhundert berief sich ein heilkundlich tätiger Mönch in einer in der Stiftsbibliothek von Sankt Gallen erhaltenen Handschrift auf Dian Cecht. Er führte das Rezept für eine heilkräftige Salbe auf die mythische Gestalt zurück, die er für eine reale Person hielt.

Dian Cecht hatte auch einen Sohn namens Miach. Dieser hatte die Heilerveranlagung seines Vaters geerbt. Als dem König Nuada ein Arm abgeschlagen worden war, sorgte Miach dafür, dass dieser wieder nachwuchs. Leider war der Vater eifersüchtig auf den erfolgreichen Sohn und brachte ihn um. Als er begraben worden war, sprossen aus der Erde seines Grabes 365 verschiedene Heilkräuter, die von seiner trauernden Schwester mit ihren Tränen getränkt wurden. Sie erkannte die Heilwirksamkeit dieser Pflanzen und gab jeder einzelnen von ihnen einen Namen.

Ein zauberkundiger Seher in der irischen Mythologie war Mog Ruith, ein Druide, der im ersten Jahrhundert n. Chr. gelebt haben soll. Er wurde als »Meister der Räder« bezeichnet, denn er konnte die Zukunft aus dem Lauf von Rädern vorhersagen. Seine Zauberkräfte sollen dafür gesorgt haben, dass die Insel von Eroberern verschont blieb. Um ihn drehen sich einige Sagen. So soll er im Heiligen Land beim samaritanischen Zauberer Simon Magus gelernt haben. Es hieß auch, er sei derjenige gewesen, der Johannes dem Täufer den Kopf abgeschlagen hat. Das Resultat dessen sei ein Fluch über Irland gewesen, der Kälte und Hungersnöte gebracht habe. Für seine Rückreise aus Jerusalem habe Mog Ruith an einer Flugmaschine gearbeitet, einer frühen Helikopterversion. Seine Tochter Tlachtga, eine Druidin, wurde von den drei Söhnen des Simon Magus vergewaltigt. Als sie Drillinge zur Welt brachte, starb sie bei der Geburt. Heute noch wird ihr Grab im County Meath verehrt.

Was die keltischen Göttinnen betrifft, beginnt die alphabetische Reihenfolge mit Abnoba. Sie ist eine Mutter- und Fruchtbarkeitsgöttin und die Schutzpatronin des Schwarzwaldes. In der Antike wurde die Region als *Abnoba mons* bezeichnet. Abnoba beschützte den Wald und die Heilquellen und sorgte für eine gute Jagd, war aber auch für die gejagten Tiere zuständig. Im heutigen Badenweiler gab es ein bedeutendes Heiligtum samt Therme zu Ehren der Göttin. Dorthin kamen Frauen mit unerfülltem Kinderwunsch zur Kur.

Ein ähnliches Betätigungsfeld hatte Aericura. Auf Darstellungen sieht man sie oft mit einem Korb voller Äpfel. Ihr Verehrungsgebiet war sehr groß. Es reichte von Italien und Slowenien bis nach Britannien. Ansotica war eine Liebesgöttin und wurde im heutigen Kroatien verehrt. Dort gibt es eine weiße Marmorstatue, die sie mit einer Toga bekleidet zeigt. Die Römer setzten sie mit ihrer Göttin Venus gleich. Ähnlich wie Abnoba war auch Arduinna eine große Waldgöttin. Ihr Name lebt bis heute fort, in dem des Gebirgszugs der Ardennen im heutigen Belgien. In der Nähe der Stadt Düren wurde ein Inschriftenstein gefunden, der sich nun im LVR-LandesMuseum Bonn befindet. Auf einer Statue ist Arduinna im Jagdgewand mit Pfeil und Bogen bewaffnet und auf einem Eber reitend zu sehen.

Arnemetia war eine britannische Heilgöttin. »Beim heiligen Ort« lautet die Übersetzung ihres Namens. Sie gehört zu den vielen keltischen Göttinnen, denen man später »ein christliches Kleid anzog«. Da die Menschen auf dem Land nicht von ihrem Kult lassen wollten und sie weiterhin an Heilquellen verehrten, wurde Arnemetia von den Christen zur heiligen Anna umgedeutet. In Großbritannien existieren noch heute diverse Heilquellen, die St. Anne's Well heißen und auf die frühere Verehrung dieser Göttin zurückgehen.

Es gibt noch eine weitere Vorläuferin der heiligen Anna, nämlich die irische Göttermutter Danu oder Anu. In den Volkssagen und Märchen taucht sie als »sanfte

Anna« auf. Sie ist vergleichbar mit unserer Frau Holle, denn sie kann das Wetter beeinflussen. In der Bretagne existiert ein regelrechter Sankt-Anna-Kult. Zwar wird sie heute offiziell als die Großmutter von Jesus bezeichnet. Ursprünglich ging es dabei aber um jemand ganz anderen.

Die große Muttergottheit der Kelten war Brigid (Brigit, Brigantia). Das keltische Wort *Brig* bedeutet »Hoheit«. Diese für die Kelten sehr wichtige Göttin wurde in diversen Ortsnamen verewigt, beispielsweise dem von Bregenz am Bodensee, Bragana in Portugal oder Brig im Wallis. Brigid wurde generell um Schutz gebeten, sie heilte und sorgte für Frieden. Den christlichen Missionaren der Frühzeit war es anfangs kaum möglich, ihre Verehrung zu unterbinden. Man musste ihr ein neues Image geben und machte aus der großen Muttergöttin die Mutter Gottes.

Eine heute noch aktive Heilquelle ist Conventina's Well im englischen Northumberland. Es gibt dort ein Flachrelief, das die gleichnamige Quellgöttin auf einem Blatt liegend mit einer Pflanze in der Hand zeigt. Eine weitere Quellgöttin ist Damona, die Partnerin des Heilgottes Bormo. Es existiert eine Statue, die sie darstellt und die nahe beim gallischen Alesia gefunden wurde.

In gallorömischer Zeit waren Matronendarstellungen sehr populär. Diese Muttergottheiten traten meistens zu dritt auf. Die Mehrzahl der ihnen gewidmeten Votivsteine und Altäre wurde im südlichen Rheinland gefunden. Alle stammen aus den ersten drei nachchristlichen Jahrhunderten. Sie wurden gestiftet, um Schutz, beruflichen Erfolg oder Gesundheit zu erbitten. Manche schuf man auch als Dank für in Erfüllung gegangene Wünsche. In der Mitte ist zumeist eine junge Frau mit schulterlangen, offenen Haaren zu sehen. Daneben erkennt man zwei Frauen verschieden fortgeschrittenen Alters, die Hauben auf den Köpfen tragen. Man kann sich denken, dass es sich hier um drei Generationen handelt: die junge Frau, die Mutter und die Alte. Oft sind sie umgeben von Obstkörben, Füllhörnern und kleinen Kindern. Das zyklische Geschehen in der Natur und auch im Leben des Menschen sind hier das Thema. Manchmal lassen sich Matronen auch mit Schutz-, Quell- oder Wassergöttinnen identifizieren.

Zur Gattung der Fruchtbarkeitsgöttinnen zählte Epona. Auch ihre Verehrung war überregional und ihre Beliebtheit so groß, dass sie von den römischen Besatzern übernommen wurde. Für die Sandalenträger wurde sie zu einer klassischen Kriegsgöttin, zuständig für die Ressorts Pferde und Reiterei.

Nantosuelta war eine wichtige Göttin hinsichtlich der häuslichen Fruchtbarkeit. Sie hatte den Gott Sucellus zum Partner. Ihre Schutzattribute, die man auf Darstellungen sehen kann, stehen immer in Verbindung mit Haus und Hof. Manchmal handelt es sich um ein kleines Haus auf einem langen Stab, manchmal um ein Füllhorn oder um einen Opferaltar. Es wird vermutet, dass ihr Name übersetzt so viel bedeutet wie »die das Tal erblühen lässt« .

Die keltischen Menapier im Westen des heutigen Nordrhein-Westfalens und in den Niederlanden verehrten die Küsten- und Wassergöttin Nehalenia. Sie wurde angerufen, wenn man Schutz bei der See- und Flussfahrt benötigte. Auch Händler und Kaufleute, die ihre Waren sicher transportieren mussten, wandten sich an diese Schutzgöttin. Ihr Kult fand ebenfalls Eingang in christliches Brauchtum, doch wurde dabei aus Nehalenia eine männliche Figur. In den Niederlanden hat diese inzwischen einen langen Bart und reist mit dem Schiff an: als Sinterklaas, der heilige Nikolaus.

Eine der vermutlich ältesten keltischen Göttinnen ist Noreia. Im heutigen Kärnten, in der Steiermark und in Slowenien entdeckte man Hinweise auf einen Kult, der schon um das Jahr 1500 v. Chr. bestanden haben muss. Noreia wurde gleichgesetzt mit der Erdgöttin, der Großen Mutter. Auch sie war für Fruchtbarkeit und Heilung zuständig und konnte das Schicksal der Menschen beeinflussen.

Eine walisische Naturgöttin war Rhiannon, die Partnerin des Waldgottes Cernunnos. Übersetzt bedeutet ihr Name »große göttliche Königin«.

An den Quellen der Seine wurde Sequana verehrt, eine gallorömische Heilgöttin. Im Quellbereich des Flusses gab es einen großen ihr geweihten Tempelbezirk mit Bädern für rituelle Waschungen und Wohnhäusern für Therapeuten und Heiler. In kleinen Läden wurden Devotionalien verkauft, mit deren Hilfe sich die Pilger direkt mit ihrem Anliegen an Sequana wenden konnten. Archäologen fanden dort viele kleine Eichenholzplastiken, die Körperorgane darstellen sollten.

Natürlich gab es auch eine Göttin der Nacht – Sirona, den »großen Stern«, die Partnerin des Gottes Grannus, wie wir bereits gesehen haben. Auf Darstellungen trägt sie oft eine Mondsichel bei sich. Sirona konnte für Kindersegen sorgen und war auch an Heilquellen tätig.

Ein altkeltisches Wort für »Sonne« ist *Sulis*. Die gleichnamige Göttin wurde ganz besonders an einem großen Kurort namens *Aquae Sulis* im heutigen Bath im englischen Somerset verehrt.

Die Kelten in Nordspanien beteten zu einer Göttin namens Xana. Sie hatte die Gestalt einer schönen jungen Frau und ihr Name findet sich heute in manchen Ortsnamen wieder. Man glaubt von ihr, sie lebe in einer Gebirgshöhle und ginge morgens zum Baden an eine Quelle. Wer sie dort erblickte und einen Wunsch in Worte fasste, dem sollte dieser, wenn Xana die Worte des Bittenden hörte, erfüllt werden.

Wassergötter und Elementarwesen

Nahezu jedem See und jedem Fluss wurde bei den Kelten eine entsprechende Gottheit zugesprochen. Dies waren meistens positive Muttergottheiten, aus dem Wasser stammt jegliches Leben, Wasser ist eine der Grundbedingungen für die Existenz des irdischen Lebens an sich. Es gab aber auch männliche Fluss- und Meeresgötter. Rhenus Pater gab dem Rhein seinen Namen, Danuvius der Donau. Überhaupt sind viele heute noch verwendete Flussnamen auf keltische Gottheiten zurückführbar: Sequana/Seine, Rura/Rur, Iser/Isar, Oenus/Inn, Tamesis/Themse, Souccona/Saône ...

Wassergötter zählen zu den Elementarwesen. Diese müssen umgekehrt jedoch nicht immer Götter sein. Gnome und Zwerge beispielsweise sind Erdgeister und damit auch Elementarwesen. Ihnen wies man Aufgaben in der Natur zu, etwa das Bilden und Fördern von Gesteinen und Mineralien. Luftgeister sind in der keltischen Mythologie ebenfalls zahlreich. Shakespeare verewigte in seinem *Sommernachtstraum* mit Ariel und Oberon zwei von ihnen. Feuergeister sind zuständig für alle Prozesse im Bereich der Wärme und der Umwandlung.

Unklarheit im Wasser

In und an den Gewässern konnte man aber auch auf andere Wesen treffen, die nicht immer genau eingeschätzt werden konnten. Es konnte sich dabei durchaus um gefährliche Individuen handeln oder um solche, die nach Hilfe und Erlösung suchten.

Aus den Volksmärchen kennen wir die Mischwesen mit Frauen- und Fischkörper zumeist als Meer- oder Seejungfrauen. Ihr männliches Gegenstück ist der Wassermann. Meerjungfrauen gelten als seelenlos; eine solche kann nur von ihrem Schicksal erlöst werden, wenn ein Mann aus der Menschenwelt sich in sie verliebt und sie zur Frau nimmt. Sie selbst aber ist bedürftig, muss befreit werden und benötigt männlichen Schutz.

Wasserfrauen hingegen wirken ihrerseits schützend, indem sie zum Beispiel über Bord gegangene Seemänner vor dem Ertrinken bewahren. Nixen dagegen sind bedrohliche Wesen, sie irritieren Seefahrer und können dafür sorgen, dass deren Schiff kentert.

Diese Abgrenzungen sind jedoch nicht immer leicht zu ziehen und verschwimmen im wahrsten Sinne des Wortes oft, denn die genannten Geschöpfe haben ja die gleiche Gestalt: einen schönen jungen Frauenkörper in der oberen Hälfte und einen schuppigen Fischschwanz in der unteren. Ihre Schwanzflosse ist auf den meisten Abbildungen waagerecht wie bei Walen oder Delphinen. Die bekanntesten Meerjungfrauen sind Undine und Melusine. Die Zweitgenannte ist eine Teilzeitseejungfrau, denn an sechs Tagen in der Woche ist sie ein weiblicher Mensch, nur samstags wechselt sie die Gestalt. Oft sind Meerjungfrauen tragische Figuren. Hans Christian Andersen verewigte im Jahr 1837 die wohl bekannteste unter ihnen in »Die kleine Meerjungfrau« – sie gewinnt die Liebe des jungen Prinzen nicht und wird zu Meeresschaum.

Wasserfrauen haben eine positive Einstellung zum Menschengeschlecht, aber nicht das Ziel, selbst eine Menschenfrau zu werden. Sie müssen nicht erlöst werden. Von ihnen gehen neues Leben, Schutz und Segen aus. Sie sind Muttergöttinnen, können aber auch einen menschlichen Mann zum Gatten nehmen und mit ihm eine liebevolle Partnerschaft eingehen. Manchmal werden sie als Mischwesen mit Fischschwanz beschrieben, dann sind sie von den Seejungfrauen und Nixen optisch nicht zu unterscheiden. Oft haben sie aber auch eine menschliche Gestalt oder können sich in Frösche oder Schwäne verwandeln. Das war schon in keltischer Zeit alles ein wenig kompliziert …

Und es gab gefährliche Seeungeheuer …

Die Seejungfrau kann nur erlöst werden, wenn ein Mann aus der Menschenwelt sie zur Frau nimmt. Zeichnung von Arthur Rackham.

Das gefährliche *Addanc*

Man musste immer damit rechnen. Wer in Wales mit dem Boot einen See befuhr oder darin schwamm, dem konnte schon nach wenigen Metern ein *Addanc* oder *Afanc* begegnen. Vor allem im See Llyn yr Afanc, der bereits mit seinem Namen auf den bösen Wasserdämon hinweist, der heute noch sein Unwesen dort treiben soll.

Wie sieht ein *Addanc* aus? Nun, manch einer beschreibt es wie ein großes Krokodil, andere sagen, es sehe eher einem gigantischen Biber ähnlich. Jedenfalls ist es ein böses und gefährliches Wesen. Seine Haut ist so dick und stark, dass man sie nicht mit einem Speer oder einer Harpune durchbohren kann.

Einmal ist ein *Addanc* so in Rage geraten, so heißt es, dass das ganze britannische Land unter Wasser stand. Die Sturmflut, die es erzeugt hatte, tötete fast alle Einwohner. Nur zwei überlebten: Dwyfan und Dwyfach. Zum Glück verstanden sich beide so gut, dass sie Kinder zeugten, aus denen dann ein neues britannisches Volk entstand.

Auch wird erzählt, dass jemand einmal mit den stärksten Ochsen des Landes ein *Addanc* aus dem See von Llyn Llion gezogen habe. Wenn es nicht im Wasser ist, verliert es nämlich an Kraft und ist zu bezwingen.

Es soll auch einmal eine Jungfrau gegeben haben, die mit ihrem Liebreiz und ihrer Sanftmut ein *Addanc* ganz zutraulich machte und es sogar in ihrem Schoß schlafen ließ. Die Bewohner des nahen Dorfes sahen dies als gute Gelegenheit an, das *Addanc* in Ketten zu legen. Dies erwies sich jedoch als großer Fehler, denn es geriet so sehr in Zorn, dass es das Mädchen, dem es vertraut hatte, tötete. Den Menschen blieb am Ende nichts anderes übrig, als das *Addanc* schleunigst wieder in den See zu ziehen, damit es von dannen schwimmen konnte.

In der Nähe der Stadt Llyn Barfog gibt es einen großen Felsbrocken. Noch heute kann man sich dort die steinernen Abdrücke anschauen, die die Hufe von König Artus' magischem Pferd Llamrai hinterlassen haben sollen. Das Pferd habe sich stark anstrengen müssen, als der König ein *Addanc* aus dem See zu ziehen versuchte, so wird berichtet.

Auch der Held Parzival soll ein *Addanc* erlegt haben. Seine letzte Ruhestätte hat dieses nun im Bedd yr Afanc (Grab des Ungeheuers).

Und wenn unserer Tage in Wales ein Gewässer über die Ufer tritt oder hohe Wellen schlägt, dann fragt sich manch einer, ob da nicht wieder ein *Addanc* sein Unwesen treibt.

Im Meer, in jedem See oder Fluss konnte ein Wasserdämon leben, da hieß es ständig auf der Hut zu sein. Zeichnung von John Dickson Batten.

Wasserfreuden

Flüsse, Seen und ihre Gestade konnten jedoch auch Schauplätze überaus freud-, ja lustvoller Erfahrungen sein. Während eines Samhainfestes (am 1. November) ging Dagda, Gott der Fruchtbarkeit und des Wetters und Anführer des mythischen Volkes der Túatha Dé Danann, einmal am Ufer eines Flusses entlang und erblickte dort eine unbekleidete, rothaarige Frau. Dagda zählte auf ihrem Kopf neun rote Locken, daher wusste er, wer sie war: Morrigan, die dunkle Göttin. Ihr Metier sind der Kampf, Tod und Zauberei. Wer sie auf seiner Seite hat, dem kann sie im Kriegsfall helfen, indem sie die Gegner beeinflusst. Sie ist wie so viele keltische Gott-

Morrigan im See. Tuschezeichnung von Claus Krämer.

heiten aber auch ein Ausdruck der Polarität, indem sie nicht nur in Verbindung mit dem Tod, sondern auch in engem Zusammenhang mit den lebensbringenden Kräften der Sexualität steht.

Dagda schaut ihr zu, wie sie badet. Die Nacht zum Samhainfest ist die letzte des keltischen Jahres. Rituell wäscht die Göttin das alte Jahr ab. Der gute (helle) Gott und die ambivalente (dunkle) Göttin wechseln ein paar Worte, dann suchen sie sich einen weichen Platz am Flussufer, reden ein wenig, um sich bald darauf dem Liebesspiel hinzugeben.

Morrigan gefällt die Vereinigung mit Dagda so gut, dass sie ihm und seinem Volk Kampfesglück verspricht und zusagt, bei der anstehenden Schlacht im Hintergrund hilfreich zu sein. Sie besaß die Gabe, Krähengestalt annehmen zu können, wenn sie es wollte, und so an Schlachtfeldern aufzutauchen. Viele Kämpfer fürchteten ihre Gegenwart, sie beeinflusste den Ausgang des Kampfes.

Mit einer Flussgöttin namens Boann zeugte Dagda einen Sohn, den Liebesgott Angus. Allerdings hatte Boann schon einen Partner und es galt, die Schwangerschaft geheim zu halten. Kurzerhand hielt Dagda die Sonne an, sodass das Kind am Tag seiner Zeugung auch gleich zur Welt kam. Das prägte den Sohn, denn er machte es sich zur Aufgabe, anderen zu helfen, denen in Liebesdingen Hindernisse begegneten, wie wir später noch sehen werden.

Die Heilige Hochzeit

Die Heilige Hochzeit (*Hieros Gamos*) ist ein uraltes Fruchtbarkeitsritual, das in verschiedenen antiken Kulturen praktiziert wurde. Bei den Kelten war das Beltanefest (die Nacht des ersten Vollmonds im Mai) das Datum im Jahreskalender, an dem sich Gott und Göttin vermählten. Gleichzeitig feierte man den Beginn der warmen Jahreszeit mit Freudenfeuern.

Es gab besondere Rituale, bei denen junge Paare über heiße Kohlen liefen und sprangen und sich am Morgen gemeinsam nackt auf eine Wiese in den Tau legten. Dies sollte späteren Kindersegen fördern. Gleichzeitig galt das Datum als günstigster Zeitpunkt, um einen Partner oder eine Partnerin zu finden. Zu diesem Zweck wurden Jungfrauenversteigerungen veranstaltet, an denen die Mädchen freiwillig und ohne spätere Verpflichtung teilnehmen konnten. Verwandte Bräuche haben sich bis heute in manchen ländlichen Regionen erhalten. Die Beltanenacht eignete sich auch gut, um bestehende Beziehungen zu erneuern.

Der Hauptaspekt war aber der des rituellen Vollzugs des Liebesakts zwecks Zeugung von Nachkommen. Man ging davon aus, dass die Götterpaare sich in der Beltanenacht vereinigten und dies wurde auch von den Königs- und Stammesführerpaaren erwartet. Die Druiden halfen dabei, indem sie den Herrscher und die Herrscherin mit pflanzlichen Drogen in eine leichte Trance versetzten. Das sollte ermöglichen, dass ein bevorzugtes Götterpaar sich der Körper der beiden bemächtigen konnte. Zumindest für den Zeitraum des rituellen Aktes.

Kinder, die bei solch einer Begegnung gezeugt wurden, sah man später als Halbgötter an. Dieses Ritual war von hoher Bedeutsamkeit – es stand für die direkte Verbindung der Götter mit den Menschen. Es war besonders wichtig, um die Fruchtbarkeit des Stammes und der ihn umgebenden Natur zu sichern. Bevor sich das Christentum in das Leben der Menschen nachteilig einmischte, galt Sexualität bei den Kelten als etwas Gottgewolltes und somit Heiliges und Verehrungswürdiges.

Aus den Mythen wusste man, dass kaum ein Gott sexuell passiv war. Im »Wonnemonat« Mai hat die Sonne endgültig über den kalten Winter gesiegt und den Sinnesfreuden wurde wieder stärker zugesprochen.

Das Fest der Vereinigung

Das keltische Wort *Beltane* bedeutet übersetzt so viel wie »leuchtendes Feuer«. Zu wilden Trommelrhythmen wurde in der Beltanenacht im Schein des Feuers ekstatisch getanzt. Wenn Männer und Frauen im Flammenlicht gemeinsam feierten, konnte es schnell geschehen, dass man auch füreinander entflammte. Aus der Beltanetradition stammt der heute noch in vielen Regionen praktizierte Brauch des Maibaumaufstellens und des Tanzes in den Mai – mancherorts einer der Höhepunkte des Jahres. Der Maibaum wurde und wird zum Teil auch unserer Tage noch mit Fruchtbarkeitssymbolen geschmückt, beispielsweise mit bunten Eiern und einem Kranz aus frischem Grün, heutzutage auch mit bunten Bändern, und auf dem Dorfplatz aufgestellt. Dazu spielt nun ein örtlicher Musikverein. Seit jeher gilt der Maibaum nicht nur als Zeichen des Frühlings, sondern auch als Symbol der Fruchtbarkeit. Der harte, spitze Baumstamm symbolisiert das männliche Prinzip, die göttliche, phallische Kraft, die von oben in die weiche, fruchtbare, aufnehmende Mutter Erde, das weibliche Prinzip, gelangt. Die Natur wird aus ihrem Winterschlaf geweckt und die Gebärfähigkeit der im Boden schlummernden Naturkräfte gefördert.

Das Frühlingsfest Beltane wurde von der frühchristlichen Kirche assimiliert und umgedeutet: Im Zentrum stand nun statt einer heidnischen Göttin, der Maikönigen, die christliche Heilige Walpurga. Walburga oder Walpurga war eine Äbtissin im England des achten Jahrhunderts, die an einem 1. Mai heiliggesprochen wurde und der daher an diesem Tag gedacht wurde, doch ist der Name germanischen Ursprungs und es gibt durchaus auch andere Theorien über die Ursprünge der heute als Hexenfest bekannten Feierlichkeiten der Walpurgisnacht. So brachte etwa der Volksstamm der Semnonen, der im dritten nachchristlichen Jahrhundert ins heutige Südwestdeutschland einwanderte, die Legende von einer Seherin namens Walpurga mit. In diesem Namen steckt das alte Wort *wala,* was »Schamanin« bedeutet. In böhmischen Sagen wurde Walpurga zur Erderwärmerin im Frühling. Denn sie trägt feurige Schuhe und eine Sonnenkrone auf dem Kopf.

Die durchlässige Nacht

Die Nacht der Walpurga war diejenige, in der der Vorhang zwischen der Anderswelt und der Menschenwelt viel durchlässiger war als sonst. Direkte Kontakte waren einfacher möglich. Keltische Rituale standen sehr oft in Zusammenhang mit Kult- und Kraftplätzen in der Natur. Dort glaubte man sich den Bewohnern der Anderswelt näher. Als sich das Christentum ausbreitete, wurden diese Orte, wie bereits erwähnt, von der neuen Religion für ihre Zwecke genutzt, da die Menschen sie schätzten und ehrten und es dort verständlicherweise am einfachsten war, diese zu erreichen. Die heiligen Orte der Kelten wurden christianisiert, indem man dort Kapellen oder Kirchen erbaute oder christliche Statuen aufstellte. Wo dies nicht geschah, wurden die Plätze verteufelt und erhielten oft auch entsprechende Namen, zum Beispiel »Teufelssteine«.

Zur Zeit der Kelten glaubte man, dass Götter mit Menschen Kinder zeugen könnten. Viele keltische Herrscherdynastien führten ihren Ursprung auf eine Verbindung von Gottheiten mit Menschen zurück und leiteten daraus Führungsansprüche ab. Ähnlich war es auch bei den Nachbarvölkern. So gab es etwa bei den germanischen Franken, die in der Spätantike und im frühen Mittelalter in Gallien die Nachfolge der Kelten und Römer antraten, den Mythos, einer ihrer Stammväter, Merowech, sei der Sohn einer menschlichen Frau und eines Wasserwesens gewesen.

Später, als die Kirche die alten Kulte umdeutete, entwickelte sich aus der ursprünglichen Vorstellung von der Heiligen Hochzeit der Glaube, dass menschliche Frauen sexuellen Kontakt mit dem Teufel hätten und so zu Hexen würden.

Die Wintergöttinnen

In der schottisch-gälischen Mythologie kennt man eine Gruppe von hexenartigen Riesinnen, *Cailleachan* genannt, die sehr oft mit dem Wetter in Verbindung gebracht werden. So sieht man die meisten *Cailleachan* als Verkörperungen des Winters an. Ihnen wird das Auftreten von Stürmen, Unwetter und Kälteperioden zugeschrieben.

Andere haben aber auch durchaus positive Funktionen, so werden sie beispielsweise als Beschützerinnen von Tieren oder auch von Seen, Flüssen, Bergen oder Inseln angesehen. Wir erkennen in ihnen Anteile von älteren keltischen Erd- und

Naturgöttinnen. Mit ihnen verwandt sind die schon erwähnten *Banshees.* Der Kult der *Cailleachan* wird auch mit jungsteinzeitlichen Steinkreisen, Höhlen und anderen Denkmälern in Verbindung gebracht.

Manch einer glaubte gar, die *Cailleachan* hätten diese selbst erschaffen. Das Wort *Cailleach* kann »die Verhüllte« oder »die Verschleierte« bedeuten, aber auch »Hexe« oder »alte Frau«, je nachdem. In der altirischen Sprache ist ein *caille* ein »Schleier«. In der heutigen gälischen Sprache gibt es die Begriffe *cailleach dhubh* (»Nonne«), *cialleach oidhche* (»Eule«, eigentlich »Nachtfrau«), *cailleach feasa* (»Weissagerin«) und *cailleach phiseogach* (»Zauberin«). Verwandt ist das Wort mit dem Begriff und weiblichen Vornamen Kayleigh (»Mädchen«).

Teil 3

Mythos und Natur

Der Apfel war bei den Kelten ein Symbol für Fruchtbarkeit und Liebe. Zeichnung von Arthur Rackham.

Mythos und Tier

Aus der Tatsache, dass es in der erhalten gebliebenen keltischen Kunst mehr Darstellungen von Tieren gibt als von Menschen, können wir den Schluss ziehen, dass Tiere in der keltischen Mythologie eine wichtige Rolle spielten – zumal sie auf Abbildungen oftmals gemeinsam mit Göttinnen und Göttern zu sehen sind.

Auch können Menschen in Tiere verwandelt werden, wie folgende Geschichte belegt:

Der Liebesgott Angus half dem Gott Midir, der mit einer Göttin namens Fuamnach verheiratet war, dessen Herz aber einer anderen gehörte: Etain. Fuamnach stellte eines Tages fest, dass es eine Nebenbuhlerin gab, und verwandelte diese kurzerhand in einen Schmetterling. Jahre später wurde Etain als Mädchen wiedergeboren, konnte sich in ihrer neuen Existenz aber nicht an Midir, der sie immer noch liebte, erinnern. Erst als Angus sich darum bemühte, dass sie dem unglücklich Verliebten Aufmerksamkeit schenkte, wurden beide wieder vereint.

Die Kelten, die nicht wussten, wohin sich die Zugvögel in der kalten Jahreszeit begaben, glaubten, dass diese sich dann in der Anderswelt aufhielten. Je nach Gattung wurden auch manchen Vögeln positive, anderen negative Kräfte zugeschrieben.

In der heutigen Zeit ist der Schwan ein beliebtes Motiv in Irland, beispielsweise auf Pub-Schildern oder auf Wandteppichen wie auch auf Briefmarken. Warum? Lesen wir dazu die nachfolgende Geschichte, die eine tragische Begebenheit erzählt und auf der grünen Insel allgemein so bekannt ist wie bei uns »Hänsel und Gretel« oder »Aschenputtel«: die Geschichte der Kinder Lirs.

Lir und die Schwäne

Der Meeresgott Lir hat vier Kinder, zwei Zwillingspaare, die er so sehr liebt, dass ihre Stiefmutter Aoife vor Eifersucht brennt. Aobh, die Mutter der vier Kinder – drei Jungen und ein Mädchen –, war bei der letzten Geburt gestorben, was Lir in eine tiefe Krise gestürzt hatte.

Lir und die Schwäne. Zeichnung von Harold Robert Millar.

Als sie es nicht mehr aushält, verwandelt Aoife die Kinder am Lough Derravaragh in Schwäne und bestimmt, dass sie 900 Jahre lang, bis der Königssohn des Nordens und die Königstochter des Südens zueinander finden, auf den verschiedenen Seen und Flüssen der Insel zu leben hätten. Doch dann bekommt sie ein schlechtes Gewissen. Um ihren Fluch etwas abzumildern, lässt sie den vier Schwänen ihre menschlichen Stimmen.

Lir hat keine Macht gegen den Zauber seiner Frau. Er findet die vier Schwäne, die ihm von ihrem Unglück berichten. Das einzige, was er tun kann, ist, ihnen die Gabe des wunderschönen Gesangs zu schenken. Aoife wird von ihrem Ziehvater, Bodb Derg, dem König der Túatha Dé Danaan, zur Strafe in einen Luftdämon verwandelt.

Es wird verfügt, dass in Irland kein Schwan getötet werden darf (dies gilt bis heute!). Die vier Schwäne leiden unter Kälte und Hunger, weilen das eine Mal in Irland, dann wieder in Schottland und rasten auf kleinen Inseln. Wenn es ihnen möglich ist, erfreuen sie die Menschen mit ihrem Gesang. Als das Christentum in Irland Fuß fasst, freunden sie sich mit einem Mönch an, der für sie sorgt. Eines Tages geschieht es tatsächlich, dass der Königssohn des Nordens, Lairgnen, die Königstochter des Südens, Deoch, zur Frau nimmt.

Die Braut knüpft an die Hochzeit eine Bedingung: Sie will die singenden Schwäne besitzen. Als Lairgnen diese aus der Kapelle des Mönchs mit Gewalt herauszerren will, verwandeln sie sich in ihre ursprüngliche Gestalt zurück. Die 900 Jahre sind vergangen. Doch leider sind es keine Kinder, die nun vor Lairgnen stehen, sondern vier Greise. Lairgnen erschrickt und flieht. Der Mönch tauft die ehemaligen Schwäne, die bald darauf sterben, und begräbt sie.

Ein Schwan spielt auch eine zentrale Rolle in der nachfolgenden Geschichte:

Caer Ibormeith war dem Liebesgott Angus schon im Traum begegnet, bevor er sie das erste Mal traf. Sie hatte die Eigenart, sich ab und an in einen Schwan zu verwandeln, und irgendein Zauber sorgte dafür, dass er nur in ihre Nähe gelangen konnte, wenn sie sich gerade in der Schwanengestalt befand. Am Tag des Samhainfests verwandelte sich der Gott selbst in einen Schwan und beide flogen gemeinsam um einen See. Dabei sang Caer Ibormeith ein Zauberlied, dass alle anderen in einen tiefen Schlaf versetzte. Danach flog das Paar zu Angus' Burg Brug na Bóinne. Sie ist heute unter dem Namen Newgrange bekannt.

Die prähistorische Anlage von Newgrange. Zeichnung von Gabriel Beranger.

Adler galten als weise und weil sie – so glaubte man – bis zur Sonne fliegen konnten, als würdige Begleiter des obersten Gottes Taranis. Der König der Lüfte wurde als eines der ältesten und auch weisesten Geschöpfe verehrt. Vom walisischen Helden Llew Llaw Gyffes erzählte man, er habe sich nach einem Mordanschlag in einen Adler verwandelt. Betrachten wir nun eine Sage, deren walisischer Name *Eachtra Mhacaoimhan-iolair* lautet. Interessanterweise haben Forscher ihre Spuren in den heutigen Niederlanden gefunden. Es gab ab dem zwölften Jahrhundert zahlreiche Kontakte zwischen Irland und Flandern. Im Jahr 1167 kämpften erstmals flämische Söldner auf der Insel. So mag die Sage in unser Nachbarland gelangt sein. Es handelt sich dabei um ein typisches Beispiel für eine Rittergeschichte mit keltischen Wurzeln.

Die Abenteuer des Adlerknaben

Nach dem Tod des Königs von Sorcha zerstreiten sich dessen Söhne. Es geht dabei, wie so oft, um das Erbe. Der älteste Sohn wird Ridire na Sealga *(Ritter der Jagd) genannt. Als Erstgeborener tritt er die Nachfolge des Vaters an. Er ist mit einer skythischen Prinzessin verheiratet. Doch das Glück währt nicht lange. Sein jüngerer Bruder, genannt* Ridire an Ghaisirdh *(Ritter der Kühnheit), bringt ihn kurzerhand um und sperrt seine hochschwangere Schwägerin in einen Turm. Bald darauf kommt dort das Kind zur Welt, ein Junge. Das Neugeborene ist im Turm natürlich nicht sicher. Ein Adler nimmt sich des Knaben an und bringt ihn zum Feld der Wunder, dort legt er ihn vor dem Stein der Tugenden ab. Die Region gehört zum Besitz von König Artus, der sich nun seinerseits des Kleinen annimmt. Aus dem Kind wird im Laufe der Jahre ein kräftiger, kluger junger Mann. Wie die meisten angehenden Ritter macht er sich auf die Suche – in den Artussagen als* Queste *bezeichnet –: nicht, wie manch ein anderer, nach dem Heiligen Gral, sondern nach seiner eigenen Herkunft.*

Unterwegs beobachtet er, wie ein Ritter eine Frau durch das Spiel einer Silberflöte betäubt. Er kann nicht verhindern, dass der Fremde (der Ritter der Musik) sich an seinem Opfer vergeht und es entführt, verfolgt ihn jedoch. Auf dem Weg trifft er auf drei Riesen, die ein junges Mädchen geraubt haben. Es kommt zum Kampf, der Adlerjunge tötet die drei Riesen, verliebt sich in die Entführte und verlobt sich mit ihr. Auf dem weiteren Weg findet er den Turm des Ritters der Musik, in dem die geraubte Frau gefangen gehalten wird, ähnlich wie es einst seiner Mutter geschah. Doch kann er diesmal den Entführer besiegen und das Opfer befreien. Er nimmt die Gerettete mit zurück an Artus' Hof. Der König ist von ihr so angetan, dass er sie sogleich zur Frau nimmt.

Die Abenteuer des Adlerknaben gehen weiter. Er erreicht das Land der Skythen, der Heimat seiner Mutter, in die diese inzwischen geflohen ist. Dort regiert allerdings auch der Ritter der Kühnheit, sein Onkel, der einst seinen Vater umgebracht hat. Auch hier kommt es zum Kampf, der Adlerknabe gewinnt, befreit seine Mutter und tritt die Herrschaft in Sorcha an.

Schadensabwehr schien damals eine große Rolle gespielt zu haben. Amulette, die die Kelten in den Alpen zu diesem Zweck herstellten, zeigen oft einen Hahn. Später wurde der stolze Vogel zum Symbol und Wappentier Frankreichs.

Ein sehr häufiges Motiv war auch eine Ente mit einer Sonnenkugel im Schnabel. Sie zierte beispielsweise den Bug vom Boot der Göttin Sequana. Ein anderer Gott, dessen Namen wir heute nicht mehr kennen, hatte die Gans als Begleitvogel. Schilder, Helme und Waffen wurden oft mit Kranichmotiven geschmückt. Diese Vögel waren so beliebt, dass es in Irland noch bis ins späte Mittelalter hinein nicht erlaubt war, ihr Fleisch zu essen.

Die Muttergottheit Rigani hatte als Symbol eine Eule. Der Rabe ist eng mit der Gründungssage der Stadt Lyon verbunden. *Lugdunum,* wie der Ort bei den Galliern hieß, ist demnach vom keltischen Wort *lugos* (»Rabe«) abgeleitet. Es gab auch einen Gott namens Lugus, der in der Kunst zusammen mit fliegenden Rabenvögeln abgebildet wurde. Andere Götter, meistens solche, die für kriegerische Aspekte standen, wurden ebenfalls von Raben begleitet, einige konnten sich zudem in solche verwandeln. Raben galten als Verbindungstiere zur Anderswelt, besonders in Zusammenhang mit der Göttin Nantosuelta und ihrem Partner Sucellus. Auch die Raben im Londoner Tower bewahren das britannisch-keltische Andenken. Sie bewachen dort, so sagt eine Legende, das Haupt Brans des Gesegneten. Bei Bran haben wir es mit einem klassischen walisischen Sagenhelden zu tun. Sein Name bedeutet übersetzt »Krähe«, manche nennen ihn auch »Rabe«. Der Meeresgott Llyr, das walisische Pendant zum irischen Lir, war sein Vater, seine Mutter hieß Penarddun.

Die Sagen von Bran und seiner Schwester Branwen

Bran, selbst groß und stark wie ein Riese, hat eine liebliche Schwester namens Branwen (»weißer Rabe«).

Als britannischer König hat Bran sie dem irischen König Matholwch versprochen, um auf diese Weise den Frieden unter den beiden Völkern abzusichern. Matholwch reist zu Bran und seiner Familie und ist vom Liebreiz und von der Schönheit Branwens sehr angetan.

Auch scheint er ein Mann der Tat zu sein. Er verliert nicht viel Zeit und erreicht, dass er sogleich mit Branwen die Nacht verbringen darf. Am Morgen preist er lobend die Vorzüge des Mädchens.

Dies erbost Efnisien, Branwens Halbbruder, denn er wurde vorher nicht um sein Einverständnis gefragt. In seiner Wut verstümmelt er die Pferde des Gastes und es kommt zum Streit. Bran schenkt Matholwch, um ihn zu besänftigen, neue Pferde und hat sogleich noch eine besondere Überraschung für ihn: einen Kessel, der Tote wieder zum Leben erwecken kann, wenn man sie hineintaucht.

Der irische König merkt, dass er ein für ihn gutes Geschäft gemacht hat: eine schöne Braut, neue Pferde und ein Wunderding, das vor allem in Kriegszeiten sehr von Nutzen sein kann. Noch in Wales wird geheiratet, dann reist der König mit der inzwischen schwangeren Branwen zurück nach Irland.

Dort kommt beider Sohn Gwern zur Welt. Allerdings gestaltet sich die Ehe nicht wirklich gut. Hinzu kommt, dass die Iren den Walisern den an den königlichen Pferden begangenen Frevel nicht verzeihen, als sie davon erfahren. Ihre Wut richtet sich gegen die neue Königin. Und Matholwch degradiert sie zur Küchenhilfe. Sie muss hart arbeiten und bekommt täglich Schläge.

Die unglückliche Branwen schickt den Star zu ihrem Bruder nach Wales. Grafik von W. Williams.

Der irische König will nicht, dass die Kunde von den Misshandlungen seiner Frau bis nach Britannien gelangt, und verbietet deshalb den Schiffsverkehr zwischen den Inseln. Auch dürfen Reisende aus Wales Irland nicht mehr verlassen. Doch während der nächsten drei Jahre gelingt es der eingesperrten Branwen, einen Star zu zähmen. Der Vogel fliegt über das Meer und überbringt Bran die Botschaft vom traurigen Alltag seiner Schwester.

Bran reagiert sofort, stellt eine Gruppe von Bewaffneten zusammen und begibt sich auf den Weg nach Irland. Als Matholwch von der nahenden Ankunft seines Schwagers und der Krieger erfährt (es wird von »einem wandernden Berg« gesprochen, als so groß beschreibt man den König Bran), verspricht er ängstlich schon im Vorfeld, zurückzutreten und seinen Sohn Gwern baldigst zum neuen König zu machen. Auch dürfe

Bran seine Schwester wieder zu sich nehmen. Das Ganze wird nach keltischer Art mit einem großen Fest gefeiert.

Es gibt allerdings einige Iren, die mit dem aus ihrer Sicht vorschnellen Handeln des Königs gar nicht einverstanden sind. Sie verstecken sich in Mehlsäcken, um dann bei Nacht die Waliser zu überfallen. Brans Halbbruder Efnisien deckt den Plan auf und erstickt die Männer. Zudem stößt er seinen eigenen, für das Königsamt vorgesehenen Neffen Gwern ins Feuer, woraufhin ein Kampf ausbricht. Als er den Wunderkessel zerstört, wir Efnisien selbst getötet.

Auch Matholwch und Bran überleben den Kampf nicht. Als Bran durch einen vergifteten Speer stirbt und im Todeskampf liegt, befiehlt er noch schnell seinen Männern, seinen Kopf abzutrennen und ihn unter dem weißen Hügel in London zu bestatten. Unbedingt so, dass sein Blick Richtung Frankreich zeige, denn nur so könne gewährleistet werden, dass Britannien niemals von See aus angegriffen werde.

Am Ende überleben nur sieben Waliser und fünf schwangere irische Frauen das Gemetzel. Deren Kinder bevölkern anschließend die Insel neu. So entstehen die fünf Provinzen Irlands. Die sieben Waliser kehren mit Branwen und dem abgeschlagenen Kopf Brans zurück in ihre Heimat.

Branwen selbst erträgt das Geschehene nicht. Sie gibt sich selbst die Schuld daran, dass ihretwegen ein ganzes Land fast entvölkert worden ist und ihre Brüder ums Leben gekommen sind. Vor Kummer stirbt sie. Auf der Insel Anglesey soll sie begraben worden sein. Über ihrem Grab errichtete man einen Steinhügel, der seit dieser Zeit Bedd Branwen genannt wird.

Was die sieben überlebenden Waliser betrifft, so ziehen sie mit Brans Kopf, der immer noch zu ihnen spricht, erst einmal für sieben Jahre in den Nordwesten von Wales. Dort werden sie von den Vögeln der Göttin Rhiannon verpflegt. Erst 80 Jahre später erinnern sie sich an ihr Versprechen und bringen das Haupt nach London.

Dort, wo heute der älteste Teil des Towers steht, fand Brans Kopf seine Ruhestätte. Bis ihn ein anderer legendärer König ausgrub: Artus. Er war der festen Überzeugung, dass seine persönliche Macht groß genug sei, um Britannien allein vor einer Invasion zu schützen.

Solange es Raben am Tower gebe, solange sei die Existenz Britanniens gesichert – davon ist man auf der Insel überzeugt. Noch gibt es entsprechende Vögel dort.

Eine andere Rabenlegende berichtet vom Tod Königs Artus' und davon, dass dieser sich nach seinem Ableben in der Schlacht bei Camlann in einen solchen Vogel verwandelt habe. Aus diesem Grund durfte bis zum Ende des Mittelalters kein Mensch einen Raben töten – es könnte sich ja um den großen König handeln, so wurde allgemein befürchtet. Auf König Artus und sein Gefolge kommen wir an späterer Stelle noch ausführlicher zu sprechen.

Für den Bären gibt es in der alten irischen Sprache zwei Begriffe: *art* und *math.* Gleich mehrere Götter – Matunus, Artio, Artaius und Andarta – haben ihre Namen von diesem Symbol der Kraft. Man sah jedoch nicht nur ein körperlich starkes Wesen im Bären, sondern in der Bärin auch ein verantwortungsvolles und von großer Mutterliebe geprägtes Geschöpf. Die Muttergöttin Artio steht für diese Eigenschaften. Ähnlich wie von den Zugvögeln, so glaubte man auch von den Bären, dass sie sich, wenn sie sich im Herbst in ihre Winterquartiere zurückzogen und erst im Frühjahr wieder auftauchten, während dieser Zeit in der Anderswelt aufhielten.

Die Muttergöttin Artio wird in der keltischen Götterwelt von einer Bärin begleitet. Das mächtige Tier steht symbolisch für Mutterliebe und Verantwortungsbewusstsein, gleichzeitig aber auch für körperliche Kraft. Lithografie von Franz Hein.

Neben Hühnern, Gänsen und Kranichen durften die Britannier auch keine Hasen essen. Als nämlich die britannische Königin Boadicea ihren Aufstand gegen die Römer plante, brachte sie der Göttin Andraste einen Hasen als Opfer. Jedoch nicht durch Töten desselben; sie entließ das Tier vielmehr in die Freiheit. Der Dichter und Sagenheld Taliesin verwandelte sich gerne in einen schnell flüchtenden Hasen, wenn er in Gefahr geriet.

Wenn wir über Tiere als Begleiter keltischer Götter sprechen, dürfen wir auch den Hirsch nicht vergessen. Ihn finden wir in der Kunst sehr oft. Cernunnos, der mächtige Gott des Waldes und der Natur, trug ja bekanntlich ein Hirschgeweih auf dem Kopf. In der keltischen Symbolik steht dieses für Fruchtbarkeit und den Lauf des Lebens. In Wales glaubte man zudem, dass ein Hirsch eine Lebenszeit von mehr als 240 Jahren habe.

Die Kelten waren Hundefreunde. Als Haustiere waren die Vierbeiner Begleiter bei der Jagd und im Krieg, als Wachtiere von großer Wichtigkeit. Jagdgottheiten, wie beispielsweise Abnoba, hatten oft einen Hund zur Seite. Der britannische Gott Cunomaglus galt als der »Herr der Hunde«. In mehreren keltischen Erzählungen werden spätere Helden nach der Geburt von Wölfen verschleppt und im Wald großgezogen. Diese Helden behalten auch in ihrem späteren Leben einen engen Kontakt zu den Tieren. Von einer solchen engen Beziehung zwischen Mensch und Tier handelt die folgende tragische Geschichte.

Der treue Hund Gelert

Es gab einst einen Herrscher, der einen treuen Hund mit Namen Gelert hatte. Beide waren einander sehr zugetan, denn der Hund war wachsam, fürsorglich und freundlich. Der König vertraute ihm so sehr, dass er ihn zum Wächter seines kleinen Sohnes machte. Und der Hund übernahm diese wichtige Aufgabe voller Stolz. Eines Tages kam der Herrscher von der Jagd zurück und fand die Wiege des Kindes leer vor. Er rief nach seinem Hund, der blutverschmiert angelaufen kam. Hatte Gelert das Kind aus Eifersucht getötet? Der König geriet außer sich vor Zorn, zog sein Bronzeschwert und tötete das Tier mit einem kräftigen Hieb. Dann vernahm er ein leises Wimmern. Unter der Wiege lag der Kleine, er war unversehrt. Neben ihm ein toter Wolf.

Der Hund hatte dem Sohn das Leben gerettet und den Wolf getötet. Nun war er selbst tot. Der Vater bereute seine übereilte Tat sofort auf das Bitterste. Er ließ den Hund begraben wie einen Helden, mit allen Ehren, die man dem mutigsten aller Krieger gewähren kann. Ein prächtiges Grabmal sollte ihn stets an seinen folgenschweren Irrtum erinnern und es heißt der König habe sein Lebtag nicht mehr gelacht.

Soweit die Geschichte vom treuen Hund, der von seinem Besitzer getötet wurde, weil dieser ihn einer nicht begangenen Tat verdächtigte. In Wales ging das treue Tier unter dem Namen Gelert in die Geschichte ein. In der Grafschaft Gwynned schreibt man diese Tat dem mittelalterlichen Fürsten Llywelyn ab Lorwerth zu. Dort liegt ein Dorf, das Beddgelert (»Gelerts Grab«) heißt. Dort soll sich diese Geschichte der Überlieferung nach zugetragen haben. Und tatsächlich gibt es in Beddgelert ein Hundegrab, das allerdings – so wird vermutet – erst im 18. Jahrhundert aus touristischen Gründen angelegt wurde. Eine Platte auf dem Grab gibt die Sage wieder.

Das uralte Motiv vom zu Unrecht getöteten Tier ist in vielen Ländern bekannt. Abwandlungen der Sage existieren beispielsweise in Frankreich (dort heißt der Hund Guinefort, er wurde lange Zeit religiös verehrt), im italienischen Ligurien, in Indien, dem ehemaligen Persien, Syrien und auf der Arabischen Halbinsel.

Pferde spielten innerhalb der keltischen Mythologie eine große Rolle. In vielen Fürstengräbern fand man entsprechende Skelette. Vermutlich wurde geglaubt, dass Pferde den Verstorbenen auf ihrer weiteren Reise begleiten könnten. Auf die hohe Bedeutung dieser Tiere für die Kelten kann man auch daher schließen, dass auf vielen Münzen Pferde oder Pferdeköpfe abgebildet sind. Zwei Göttinnen, die einen starken Bezug zu Pferden hatten, waren Epona bei den Galliern und Rhiannon im heutigen Wales. Und auch in Geschichten tauchen sie immer wieder auf, wovon die folgende Zeugnis ablegt.

Der König mit den Pferdeohren

Nun, eigentlich hätte König Eochaidh wirklich mit seinem Leben zufrieden sein können. Er regierte über ein großes Territorium auf der Insel, die man heute noch »die Grüne« nennt. Es herrschte Frieden im Land. Und er war mit einer wunderschönen Frau verheiratet, die ihm zugetan war, zumindest die meiste Zeit über. Dennoch gab es eine Sache, mit der der König gar nicht einverstanden war. Und dies waren seine Ohren.

Nicht, dass der König schwerhörig gewesen wäre. Ganz und gar nicht. Um es kurz zu sagen: Der Herrscher hatte an seinem Kopf ein Paar Pferdeohren. Ja, an seinem edlen Haupt prangten tatsächlich zwei Riesenlauscher, wie sie sonst nur schwerfällige Ackergäule haben. Das war natürlich schmerzlich.

Diese Ohren besaß er seit seiner Geburt. Seine Eltern waren verzweifelt gewesen und hatten den Kleinen nie ohne Hut nach draußen gehen lassen. Später ließ man für ihn eine Spezialkrone anfertigen, die mit goldenem Gepränge jene für einen Herrscher unüblichen und unpassenden Hörorgane verdeckte.

Mit aller Macht wurde versucht, den Makel auf des Königs Kopf zu kaschieren. Schließlich hätte er sich zum Gespött des Volkes gemacht, wäre er je mit seinen Pferdeohren in die Öffentlichkeit getreten. Und verspottet zu werden, nein, das ist dem Amt eines Königs nicht zuträglich.

Ein großes Problem war der Haarschnitt. Schließlich wusste jeder, den der König an seinen Kopf ließ, Bescheid über sein optisch unschönes Geheimnis. Was blieb dann? Eochaidh sah es als seine traurige Pflicht an, jeden Barbier nach vollbrachter Dienstleistung ins Jenseits zu befördern. Was wollte man auch sonst machen? Friseure waren auch damals schon recht gesprächige Zeitgenossen. Also wurde alle paar Wochen ein neuer Kopfhandwerker in das königliche Haus beordert, der dann mit dem König in den tiefen Wald zu gehen hatte, um ihn dort unbeobachtet zu frisieren. Der König kehrte dann allein und griesgrämig heim.

Eochaidh hatte selbst keine Kinder. Wohl aber lebte bei ihm sein Ziehsohn, sein Neffe Aonghus. Ihn nannte man auch Mac Dichaoinnhe, *den »Sohn der Unschönen«. Denn Dichaoinn, seine Mutter, war nicht wirklich hübsch. Zwar hatte sie keine Pferdeohren wie ihr Bruder, der König. Aber sonst, nun denn ... Allerdings war sie sehr klug, was oft praktisch ist, wenn man nicht auf Schönheit zählen kann.*

Aonghus allerdings erfreute sich gleich beider Vorzüge: Er war klug und gleichzeitig schön. Außerdem besaß er viele Talente. Er war ein begabter Schmied und ein talentierter Musiker, der die Harfe spielte und dazu selbstgedichtete Verse sang. Außerdem war er ein guter Sportler und Kämpfer, sodass ihn jeder mochte.

Eines Tages kam dem König zu Ohren (was nicht schwer war ...), dass seine Gattin sich dem Sohn ihrer Schwägerin gerne näherte. Gerüchte machten schon länger die Runde und der König, in diesen Dingen nicht ungeübt, entwickelte Mordgedanken.

Aonghus sollte beim nächsten Haarschnitt der Friseur sein: im Wald, allein mit dem König, der stets ein Schwert mit sich trug. Dem, was der König befahl, musste Folge geleistet werden. Auch wenn die beiden Frauen Schlimmes befürchteten. Zu Recht, denn Eochaidh nahm den Jungen mit in den Wald, wo ein leeres Haus stand. Nach dem

Haarschnitt zog der König sein Schwert, doch Aonghus, im Kampf trainiert, nahm ihm die Waffe mit einem flinken Griff aus der Hand.

Der König bat um Gnade: »Ich bin der Bruder deiner Mutter, versündige dich nicht!« Außerdem versprach er Aonghus, dass er von nun an und für immer der Barbier des Königs sein dürfe. Und die Liebelei mit der Königin ... nun, die sei vergessen. Man kann ja ab und zu ein Auge zudrücken und in eine andere Richtung schauen. Und was die Leute nicht alles für Unsinn erzählen ... Der König erbat sich nur eine Bedingung: »Erzähle niemandem etwas von meinen ... du weißt schon ...«. Und dabei deutete er mit einem seiner Zeigefinger in Richtung seines Kopfes. Man wurde sich einig.

Die Zeit verging. Aonghus frisierte regelmäßig den König und teilte ab und zu mit dessen Gattin das Lager. Allerdings fiel es ihm immer schwerer, das Geheimnis für sich zu behalten. Es fiel ihm so schwer, dass er ganz krank wurde. Seine kluge Mutter empfahl ihm einen Gang zu einem berühmten Druiden und sagte: »Der wird dich heilen, mein Sohn!«

Auf dem Weg dorthin geriet Aonghus in ein großes Unwetter und stürzte schwer. Er fiel auf sein Gesicht und drei Ströme Blut flossen ihm aus Mund und Nase. Es schien, als flösse damit das Geheimnis des Königs in die Erde. Und Aonghus wurde auf der Stelle gesund.

Doch damit ist die Geschichte längst noch nicht zu Ende. Denn der Jüngling kam eines Tages mit anderen Kämpfern an die Stelle, wo er auf sein Gesicht gefallen war. »Hier, Freunde, bin ich einst gestürzt und habe ein großes Geheimnis ausgeworfen. Das hat mich geheilt.« Mit Erstaunen sah Aonghus, dass genau an dieser Stelle drei kleine Bäume aus der Erde gewachsen waren. Aus seinem Blut, aus des Königs Geheimnis. Und er baute einen Zaun um die drei Bäume.

Es verging einige Zeit und ein reisender Harfenspieler und Sänger kam mit seinen Begleitern durch den Wald, vorbei an der Stelle, wo die Bäume standen. Sie rasteten bei dem kleinen Hain. Plötzlich sprachen die Bäume zu dem Musikanten: »Wir sagen dir ein Geheimnis: König Eochaidh hat Pferdeohren!« Der Sänger freute sich, denn er wollte ein neues Lied erfinden und nun hatte er ein Thema dafür. Und als sie in den Ort kamen, in dem Eochaidh residierte, sangen sie das Lied von dem König mit den Pferdeohren. Wohl jeder kann sich vorstellen, dass der König grollte. Hatte Aonghus Verrat geübt?

Eochaidh ließ die Musikanten gefangen nehmen und einsperren. »Wer hat euch das Geheimnis verraten?«, rief er zornig. »Die Bäume im Wald waren es, großer König«, erwiderten sie. Das machte den Herrscher nachdenklich: »Wie kann ein Geheimnis bewahrt werden, wenn selbst schon die Bäume es ausplaudern? Jetzt, wo es jeder weiß, ist es, als sei eine große Last von mir gefallen.«

Und er nahm den Helm, den er gerade trug, vom Kopf und zeigte allen Menschen seine Pferdeohren. Die Menschen staunten, aber keiner lachte ihn aus. »Unser König ist ein ganz besonderer Herrscher«, sagten sie. »Er ist ein Verwandter von Epona, der großen Pferdegöttin, die alle verehren. Deshalb hat er diese Ohren. Ja, es sind die Ohren eines göttlichen Wesens!«

Voller Freude schenkte Eochaidh dem Sänger seinen Helm. »Den brauche ich nun nicht mehr.« Und er regierte noch viele Jahre als der gute König mit den Pferdeohren.

Rinder, vor allem Stiere, hatten bei den viehzüchtenden Kelten einen ebenso hohen Stellenwert. In verschiedenen Erzählungen spielen sie die Hauptrolle, so auch in dieser:

Das weiße Kalb

Die Ohren der Elfen sind nicht nur nach oben spitz zulaufend, sie sind auch sehr empfindlich gegenüber störenden, lauten und unharmonischen Geräuschen. Auf einem Hügel hütete ein Hirte eine Herde aus Kühen und Ochsen. Dummerweise war dies ein Elfenberg und die Bewohner fanden es nicht besonders schön, dass die Tiere ihr weiches Gras zertraten oder auffraßen. Und erst das Gebrüll der Hornviecher! Manche Elfen begannen sich zurückzuziehen.

Darum beschloss die Elfenkönigin, die Störenfriede zu vertreiben. Eines Nachts – der Hirte saß am Feuer und betrachtete in sich versunken die Sterne über ihm – erschien sie ihm als ein wütendes Pferd mit riesigen Flügeln und einem Reptilienschwanz. Dabei spie sie Feuer.

Kurz darauf verwandelte sie sich in einen Zweibeiner mit einem Ochsenkopf, der von einer Flamme umkreist wurde. Und so ließ sie sich allerlei Figuren einfallen und machte erschreckende, laute Geräusche.

Der Hirte fürchtete sich und bedeckte seine Augen mit seinem Mantel. Die Elfenkönigin blies das Kleidungsstück einfach weg. Ihre Zauberkraft bewirkte, dass der Hirte nun auch seine Augen nicht mehr schließen konnte und sich die grauslichsten Verwandlungen anschauen musste. Das geschah die ganze Nacht hindurch, bis zum Morgengrauen. Dann begannen die Rinder sehr unruhig zu werden und rannten wild durcheinander, manche Tiere flohen. Und so ging es dann in jeder folgenden Nacht weiter. Der Hirte gab seinen Dienst auf.

Die angstvollen Rinder wurden mit der Zeit immer dünner. Es geschahen Unfälle, manch ein Tier ertrank im nahen Fluss oder versank im Sumpf. Kein Hirte aus der näheren Umgebung war bereit, nachts das Vieh zu hüten. Fand sich ein ahnungsloser neuer, verabschiedete er sich schon nach der ersten Nacht wieder. Die Elfenkönigin freute sich über ihren Erfolg und erschien regelmäßig mit ihrem Spuk. Und das stille Volk kam nach und nach wieder zurück auf den Hügel, wo fröhliche Elfenfeste gefeiert wurden.

Nun gab es einen Mann namens Hulahan, der ein sehr guter Flötenspieler war und obendrein unerschrocken. Und jener Hulahan behauptete, dass ihm die Elfen keinerlei Furcht einflößen könnten. Also bekam er die Aufgabe zugeteilt, die noch verbliebene Herde eine Woche lang auf dem Rücken des Hügels zu hüten. Natürlich wurde ihm guter Lohn zugesagt.

Beim ersten Sonnenuntergang wanderte Hulahan auf den Berg und setzte sich auf einen großen Stein bei einer Höhle. Er holte seine Flöte aus der Tasche und begann zu spielen. Bald schon wurden die Elfen neugierig und lachten ihn aus. Sie riefen nach der Königin, auf dass sie ihren Spuk begänne. Hulahan erblickte plötzlich zwischen sich und dem Mond eine große, schwarze Katze. Sie machte einen Buckel, wurde riesengroß und verwandelte sich alsbald in diverse andere sonderbare Tiere. Hulahan ließ sich nicht stören und blies unvermindert auf seiner Flöte weiter, eine fröhliche Melodie nach der anderen. Die Elfenkönigin gaukelte dem Hirten alle Spukgestalten vor, die ihr nur einfielen, und verlor am Ende tatsächlich die Geduld, denn der Musikant blies stur weiter.

Dann wurde sie zu einem kleinen, weißen Kälbchen, das die schönsten Frauenaugen hatte, die man sich vorstellen konnte. Ganz friedlich kam es auf den Hirten mit der Flöte zu und blickte ihn freundlich an. Der aber hörte auf zu spielen und schwang sich auf den Rücken des vermeintlichen weißen Kalbes. Die Elfenkönigin – denn keine andere als sie war es – galoppierte los und sprang mit einem Satz über den Fluss. Dann flog sie mit Hulahan weit weg zu einem anderen Hügel und warf ihn dort ab. Er kullerte auf das weiche Gras und rief: »Kein schlechter Flug für ein kleines, weißes Kalb!«

Einen Augenblick betrachtete dieses weiße Kalb den Unerschrockenen aus seinen sanften Augen, dann nahm die Elfenkönigin ihre wahre Gestalt an und sagte anerkennend: »Du bist ein tüchtiger Junge. Willst du zurück auf den Hügel fliegen?« Und Hulahan setzte sich erneut auf den Rücken des Kalbes, in das sie sich wieder verwandelt hatte, und schon ging es zurück. Auf dem Hügel angekommen sprang Hulahan auf den Boden und die Elfenkönigin, wieder in ihrer natürlichen Gestalt, sprach zu ihm: »Du hast mich mit deiner Unerschrockenheit beeindruckt. Ich verspreche dir, dass weder ich noch mein Volk dich hier oben stören werden, wenn du die Herde hütest.« Sie hielt Wort. Den Rest seines Lebens verbrachte Hulahan entspannt mit seiner Flöte und den

Tieren, die ungestört grasten. Es heißt, dass die Elfen gerne seiner wunderbaren Musik lauschten und im Inneren des Berges dazu tanzten. So hatten auch sie ihr Vergnügen und ein jeder war zufrieden.

Die zweitwichtigsten Haustiere der Kelten waren die Schweine, von denen man in einigen Regionen glaubte, sie stammten aus der Anderswelt. Abbildungen von Schweinen tauchen in der keltischen Kunst häufig auf. Fürsten gab man sie für das Weiterleben in der Anderswelt oft als Grabbeigaben mit.

Der keltische Gott Moltinus hatte als Symboltier den Widder. Die Schlange mit dem Widderkopf ist ein Symbol, das auch bei anderen Völkern (etwa den Skythen oder Thrakern) vorkam. Schlangen selbst standen für die Polaritäten in der Natur und im Leben, da sie je nach Jahreszeit ober- oder unterirdisch leben. In ihrer Häutung sah man ein Symbol der Wiedergeburt.

Die mythische Figur des Greifs, eines flugfähigen Mischwesens, finden wir in verschiedenen Variationen, mal mit Löwenkörper und Pferdekopf, dann wieder mit dem Kopf eines Raubvogels. Manchmal hat der Greif auch den Körper einer geflügelten Schlange. Er ist ein Wächter und Bewacher. In späteren Jahrhunderten wurde er zur mittelalterlichen Figur des Drachen.

Die wichtigsten Fische der keltischen Mythologie sind die Forelle und der Lachs. Es gab den »Lachs der Weisheit«, von dem es hieß, wer von ihm äße, werde das geheime Druidenwissen erlangen.

Greif. Kupferstich von Martin Schongauer.

Bäume in der keltischen Mythologie

Im Land Tara soll es einst einen Riesen gegeben haben, der Trefuilgid hieß. Jener verstreute eines Tages fünf Beeren über ganz Irland. Die Samen in den Beeren keimten im Boden und aus ihnen erwuchsen die fünf heiligen Bäume: der Baum von Ross (eine Eibe), die Bäume von Dathis, Tortus und Uisneach (Eschen) sowie der Baum von Mugnas (eine Eiche).

Wir kennen aus den Asterixcomics den Misteln schneidenden Druiden Miraculix, der diese heiligste Pflanze der Gallier von den Eichen schnitt. Dies taten die Druiden nach einem speziellen Ritual mit goldenen Sicheln immer am sechsten Tag nach Neumond, so berichten es zumindest die Römer Plinius der Ältere und Pomponius Mela. Es gab spezielle Vorschriften und Rituale, die strikt eingehalten wurden. In Britannien wuchsen damals keine Eichenmisteln, darum wich man dort auf die Weißbeerige Mistel *(Viscum album)* aus. Diese Pflanze hat den Vorteil, dass sie durchaus pharmakologisch wirksam ist.

Auf dem Festland galt die Eiche, nicht nur wegen der Misteln, als besonders wichtiger und heiliger Baum. Es hieß, dass Druiden in die Zukunft schauen konnten, wenn sie vorher Eicheln gegessen hatten.

In erhalten gebliebenen Abbildungen der keltischen Kunst findet sich die Eiche sehr oft. Römische und griechische Autoren berichten davon, dass die Kelten ihre Köpfe bei kultischen Handlungen mit Eichenlaub schmückten. In der kymrischen Sprache wird ein Druide *Derwydd* genannt, abgeleitet von *derw* (Eiche). Man bewahrte Eichenholzstücke oder kleine Kränze aus Eichenlaub gerne im Haus auf, sie sollten vor Zauberei schützen.

Für manche Kelten war der Gang durch die natürliche Öffnung im Stamm einer Eiche gleichbedeutend mit einem Neuanfang oder einer Wiedergeburt. Und noch bis ins 20. Jahrhundert hinein hielt sich in Oberfranken der Brauch, kranke Kinder durch ein Loch in einer mächtigen alten Eiche zu ziehen, um sie auf diese Weise zu heilen.

Bäume waren für die Kelten gewissermaßen Kultobjekte. Die Hinweise darauf finden wir in den Aufzeichnungen der römischen und griechischen Berichterstatter ebenso wie in den Mythen und Sagen. Archäologen haben oft Opfergaben ausgegraben, die man in keltischer Zeit den Bäumen beziehungsweise den mit ihnen in Zusammenhang stehenden Göttern und Geistwesen darbrachte.

Der Druidenhain. Grafik von Charles Knight.

Den christlichen Missionaren im frühen Mittelalter war die keltische Baumverehrung allerdings ein Dorn im Auge. Eifrig und rigoros fällten sie daher eine heilige Eiche nach der anderen. Die Axt des christlichen Gottes wütete in den

Hainen der Druiden und entzog mit der Vernichtung dieser mächtigen Kultpflanzen der druidischen Kultur den Boden. Noch Kaiser Karl der Große verbot während seiner Regierungszeit die keltischen Baum- und Quellenkulte im Land der Franken. Wurden viele keltische Bräuche zwar von Vertretern der Kirche bekämpft, so ließen sich einige dennoch nie ganz ausrotten und retteten sich in spätere Jahrhunderte, mitunter bis in die heutige Zeit. Und so existieren manche keltischen Baumkulte heute mit kirchlichem Segen weiter. So weihte die katholische Kirche beispielsweise die heiligen Keltenbäume kurzerhand der Jungfrau Maria und erklärte sie zu Wallfahrtseichen. Und auch das in vielen Regionen praktizierte Maibaumsetzen geht ja auf einen Kult zu Ehren keltischer Naturgötter zurück.

So mancher heilige Keltenbaum fiel der Axt christlicher Missionare zum Opfer. Radierung von Bernhard Rode.

In seiner Symbolik war ein großer, starker Baum für die Kelten ein Abbild des Kosmos und Ausdruck des Lebens. Für Halt und Stabilität sorgen die Wurzeln, aus dem Boden kommt Nahrung und die Baumkrone mit ihren Blättern und Blüten stellt das Firmament mit den Sternen dar. An der Entwicklung des Baums lassen sich die einzelnen Schritte des Lebens ablesen: Keimung, Wachstum, Reife, Ruhe, Sterben.

War die Eiche auch der Kelten wichtigster Baum, so traf man sich dagegen zu Beratungen unter dem Blätterdach eines Lindenbaumes. Die Linde war für die Kelten aber auch der Baum der Liebe. Ihre Blätter haben ungefähr die Form eines Herzes und ihre Blüten duften süß. Zugleich ist sie auch heute noch ein Baum der Kommunikation. In manchen Orten sind große Linden mit einer Rundbank versehen, auf denen sich Menschen zum Gespräch treffen können. Unter Lindenbäumen wurde auch Gericht gehalten, sie galten als Förderinnen der Entscheidungs- und Weissagekraft. So mancher alte Stadtkern hat heute noch eine mächtige Linde in seinem Zentrum, beispielsweise vor dem Rathaus. Diese exponierte Lage machte die Linden später zu Tanz- und Feierbäumen. Das ein oder andere große, alte Exemplar wurde in seinem Geäst mit einem Gerüst und einem Tanzboden ausgestattet.

Die enge Verbindung der Kelten mit ihren Bäumen lässt sich leicht erklären: Letztere waren Stätten der Zuflucht. Die Blätter sorgten für Schutz vor Regen und heißen Sonnenstrahlen, Äste hielten gefährliche Tiere fern. Die Früchte der Bäume trugen zur Ernährung der Menschen bei, im Winter sorgte das Holz für wärmendes Feuer.

Von Äpfeln glaubte man, sie stammten aus der Anderen Welt. Von der *Insula Avallonis,* der geheimnisvollen anderweltlichen Insel Avalon, sei der Apfelbaum zu den Menschen gekommen, hieß es. Die Insel wurde auch *Insula Pomorum* (Apfelinsel) genannt, wie wir bereits gesehen haben. Der Apfelbaum heißt auf Kymrisch *aball.* Die Insel Avalon ist einer der zentralen Orte der Artussagen.

Ein keltisches Märchen handelt von einem wunderschönen Apfelbaum. Dieser trägt goldene Früchte und wird von Kriegern bewacht. Bevor er die Äpfel ernten darf, muss der Held der Geschichte viele Abenteuer bestehen. Selbstredend ist auch eine Liebesgeschichte damit verwoben.

Bei den Kelten galt der Apfel als Symbol für Liebe und eheliche Fruchtbarkeit. Bei einer Hochzeit trug die Braut einen kleinen Apfel auf der Brust. Man glaubte, dass dieser für Kindersegen und vor allem für leichte und unkomplizierte Geburten sorgen werde, wenn sie ihn um Mitternacht mit ihrem Partner teilen würde.

Wie so viele Bäume bekam auch der Apfelbaum in christlicher Zeit ein eher negatives »Image«. Schließlich stammte von ihm die Frucht, die zur Vertreibung aus dem Paradies geführt hatte. Man muss dazu sagen, dass die Kelten bis zur Ankunft der Römer nur den säuerlichen, kleinen Holzapfel kannten. Legionäre brachten die ersten veredelten Apfelsorten mit und machten sie im Keltenland heimisch, wo die Menschen sie als Sinnbild der Vollkommenheit von Erde und Kosmos betrachteten.

Am 1. Februar wurde bei den Inselkelten ein Fest gefeiert, Imbolc, das in engem Zusammenhang mit der verehrten Birkengöttin stand. Unser Wort für den Baum geht auf das indogermanische *Bhereg* zurück, was so viel wie »umhüllender Glanz« bedeutet. Der keltische Name ist *Beth.* Für die Kelten manifestierte sich die Göttin Brigid, freundlich und in Licht gehüllt, voller Heilkraft in diesem Baum. Die Birke symbolisiert auch einen Anfang oder einen Neubeginn. War ein junger Bursche verliebt, brachte er der Auserwählten frische Birkenzweige als Zeichen seiner amourösen Absichten. In rheinischen Maibräuchen hat sich dies mancherorts bis heute erhalten. Die Birke symbolisierte den ersten Monat des Baumkalenders, der am 24. Dezember begann. Heilige Orte wurden mit Birkenbesen gereinigt; man glaubte, dass man so ungebetene Besucher aus der Anderswelt fernhalten könne. Schamanische Ritualgegenstände wie Trommeln und Masken wurden fast immer aus Birkenholz hergestellt. Für ihre Reise in die Anderswelt setzte man Verstorbenen vor der Bestattung einen konisch geformten Hut aus Birkenrinde auf den Kopf.

Ein weiterer heiliger Baum war die Eberesche. Neben den Zweigen des Haselnussstrauches benutzte man ihr Holz gerne, um daraus Wünschelruten herzustellen, mit denen man Kraftorte und Quellen finden wollte. Toten gab man das Holz mit ins Grab. Da man glaubte, dass jeder, der ein Stück Ebereschenholz bei sich trug, davor gefeit sei, sich zu verlaufen, sollten die Verstorbenen auf diese Weise auf geradem Wege in die andere Welt finden. Aus diesem Grund fertigte man auch den Bug eines Schiffes aus diesem Holz. Die Früchte des Baumes, die Vogelbeeren, dienten den die Natur beobachtenden Druiden zu Vorhersagen bezüglich des Winters: viele Beeren, viel Schnee.

Der Grund, warum man Eiben seit keltischer Zeit gerne auf Friedhöfe pflanzt, ist der, dass sie für die Ewigkeit des Lebens stehen und Trauernden signalisieren sollen, dass mit dem irdischen Tod nicht alles vorbei ist. Das Holz wurde zur Herstellung von Waffen (Pfeil und Bogen) verwendet. Man glaubte, dass die Eibe das langlebigste Lebewesen der Welt sei, denn sie könne nahezu 20 000 Jahre alt werden.

Das alte dänische Wort für die Erle ist *Ellerkonge*, »Elfenkönig«. Die Kelten glaubten, dass ganz besondere Wesen in der Erle lebten. Fällt man eine Erle, färbt sich ihr Holz durch die Einwirkung von Sauerstoff rot. Das interpretierte man so, dass das Beil die Tochter des Erlkönigs verletzt habe und diese nun blute. Im frühen Christentum war der Baum sehr unbeliebt, denn man nahm an, dass die rote Färbung ein Hinweis darauf sei, dass das Kreuz, an das Jesus genagelt worden war, aus Erlenholz bestanden habe.

Druiden benutzten Haselnusszweige gern, um daraus Stäbe für magische Rituale sowie Wünschelruten zu fertigen. Sie sahen in der Haselnuss den Baum, der in seinen Zweigen Energie am besten leiten und aufnehmen kann. Symbolisch steht die Haselnuss für Fruchtbarkeit. Paaren, die bislang keine Kinder bekommen hatten, versuchte man mittels leichter Schläge mit Haselnusszweigen zu Kindersegen zu verhelfen. Auch wurden die Zweige zu diesem Zweck über dem Ehebett befestigt. Wenn Kinder im Wald oder auf dem Feld spielten, gab man ihnen kleine Zweige dieses Baumes mit, denn diese sollten Schlangen fernhalten.

Das Tor zur Anderswelt wurde für die Kelten durch einen oder mehrere Holunderbüsche gekennzeichnet. In den Volksmärchen ist Frau Holle, deren Name sich vom »Holunder« ableitet, die Herrscherin der Anderen Welt. Wollte man die anderweltlichen Wesen positiv stimmen, brachten die Kelten ihnen Opfer unter Holunderbüschen dar. Noch im späten Mittelalter wurde davor gewarnt, auf Grundstücken Holunderbüsche abzuholzen. Dies konnte Unglück bringen.

Der Baum, der am häufigsten von Misteln bewachsen ist, ist die Pappel. Die Inselkelten bauten viele ihrer Waffen aus Schlehdornholz. Der Schlehdorn stand für die Gesetzmäßigkeit der Polarität. Er hat zum einen dunkles Holz und spitze Dornen, zum anderen erfreut er das Auge durch eine weiße Blütenpracht. Dunkle Erdkräfte und helle Lichtenergie treffen hier aufeinander.

Polarität war auch das Thema, das man mit der Weide assoziierte. Ihre Äste brechen leicht und das Holz fault schneller als das von anderen Bäumen. Dabei besitzt sie aber sehr starke Regenerationskräfte. Man kann die Ruten noch so oft abschneiden, sie wachsen immer wieder nach. Hatte eine Weide einen hohlen Stamm, so sah man darin einen Eingang zur Anderswelt.

Bäume und Pflanzen spielen auch in zahlreichen keltischen Geschichten eine wichtige Rolle, so etwa in der nachfolgenden.

Die Verzauberung der Blodeuwedd

Die Blüten von Pflanzen – Eiche, Ginster und Mädesüß – dienten Gwydyon, dem König von Gwynedd, um daraus das schönste und anmutigste Mädchen zu erschaffen, das man sich vorstellen kann. Darum wurde sie Blodeuwedd (»Blumengesicht«) genannt. Sie war für Gwydyons Neffen Llew Llaw Gyffes bestimmt.

Sein Onkel musste ihm auf diesem Weg eine Frau besorgen, denn seine Mutter Arianrhod hatte über ihn eine geis *(»ein Tabu«) verhängt: Er durfte keine menschliche Frau heiraten.*

Eines Tages, als Llew verreist war, streifte eine Gruppe Jäger durch die Umgebung. Blodeuwedd lud einen der Jäger ins Haus ein, sein Name war Goronwy Pybyr. Beide verliebten sich ineinander und überlegten, wie sie Llew aus dem Weg schaffen könnten. Ein Jahr lang schnitzte daraufhin Goronwy an einem magischen Speer.

Blodeuwedd fragte den nichtsahnenden Llew, auf welche Art man ihn ermorden könne. Er zeigte es ihr. In der Nähe lauerte Goronwy und schleuderte seinen vergifteten Speer, traf sein Opfer jedoch nur an der Seite. Daraufhin verwandelte sich Llew in einen Adler und floh. Der mächtige Gwydyon fand ihn später und verwandelte ihn zurück in einen Menschen.

Es dauerte ein Jahr, bis Llew von der Verwundung genesen war. Dann griff er selbst zum Giftspeer und tötete damit seinen Nebenbuhler. Gwydyon verzauberte die treulose Blodeuwedd in eine Eule. Von nun an sollte sie nur noch in der Nacht einsam unterwegs sein und kein Tageslicht mehr sehen.

Dingbeseelung

Wir modernen Menschen sehen Steine, Metalle, Sand und andere mineralische Substanzen als nicht belebt an. Bei vielen Kelten war dies ganz anders. Sie sprachen auch Dingen eine Seele zu. Es gab einen sprechenden und schreienden Stein, den Lia Fáil, der zusammen mit dem Kessel des Dagda, dem Speer Lugs und dem Schwert des Nuada zu den vier Schätzen der Túatha Dé Danann gehörte. All diesen vier Schätzen war gemein, dass sie ein Eigenleben führten, das von ihren jeweiligen Besitzern völlig unabhängig war.

In Britannien kannte man derer »dreizehn Schätze«. Einige Utensilien von König Artus gehörten dazu, wie sein Kessel, sein Schwert, sein Schild oder sein Schiff.

Der Gott Dagda besaß eine beseelte Wunderharfe, die ihm einst vom Fomorenkönig Bress gestohlen worden war. Sie schaffte es, mithilfe eines Tricks in die Hände ihres Eigentümers zurückzukommen: Sie ließ einschläfernde Melodien erklingen, die die feindlichen Krieger betäubten. Mit seiner Keule tötete Dagda jeden, den er mit dem einen ihrer beiden Enden traf, mit dem anderen konnte die Keule Tote wieder zum Leben erwecken.

Dagda ist auf dem berühmten Kessel von Gundestrup abgebildet. Er war zwar ein »guter« Gott, aber nicht schön. Er soll einen unförmigen Körper besessen und eine ebenso unförmige Tunika getragen haben. Trotzdem liebten ihn die Frauen und er zeugte diverse Kinder, die alle als Götter in die irisch-keltische Mythologie eingingen. Er besaß auch einen wundersamen Kessel, aus dem man sich jederzeit und an jedem Ort mit den leckersten Speisen bedienen konnte. Dieser Kessel war so groß, dass man darin Essen für eine ganze Armee zubereiten konnte. Überhaupt spielten Kessel bei den Kelten eine große Rolle.

Der Kesselkult

Die Kelten hatten eine Vorliebe für alle Arten von Kesseln. Diese tauchen in vielen Sagen auf und wurden in großer Zahl als wertvolle Grabbeigaben für Verstorbene gefunden. Dabei handelte es sich nicht um profane Küchengeräte. Keltische Kessel besaßen wundersame Eigenschaften. Es gab einen Kessel des Reichtums und der Fülle, einen Kessel als Beutestück und Mitbringsel von einer Reise in die Anderswelt sowie den Kessel der Heilung und Wiedergeburt.

Manche Kessel hatten jedoch auch negative Eigenschaften. So wird der Held Cú Chulainn in der Sage »Der Tod Cú Chulainns« von bösen Hexen genötigt, aus deren Kessel zu essen. Sie haben darin Hundefleisch gekocht und zwingen Cú Chulainn somit, ein Tabu *(geis)* zu verletzen. Die Geschichte endet für den Helden schlecht.

König Artus geht in einer der vielen Sagen, die sich um ihn ranken, auf einen Raubzug, um einen Wunderkessel zu stehlen, der Gut und Böse unterscheiden kann. In einer weiteren Geschichte wird ebenfalls ein Kessel gestohlen, diesmal aus der Anderswelt: Er wird vom Atem von neun Jungfrauen erhitzt.

Die wichtigsten Götter der keltischen Mythologie besaßen magische Kessel, mit denen sie, wie wir jetzt wissen, allerhand anstellen konnten: Tote zum Leben erwecken etwa oder die Zukunft vorhersagen, Wissen und Weisheit erlangen und allerlei großartige Speisen für zahlreiche Hungrige zaubern.

Der berühmte Dichter Taliesin soll aus Ceridwens Kessel sein Können als Dichter empfangen haben, wie folgende Geschichte erzählt.

Der magische Kessel der Ceridwen

Die Muttergöttin Ceridwen, eine Göttin des Mondes, der Natur und der Fruchtbarkeit, hat mit ihrem Partner, dem Wassergott Tegid Foel, diverse Kinder, von denen ein Sohn namens Avaggdu ziemlich missgestaltet aussieht, wohingegen die Tochter Creivym das schönste aller Mädchen ist.

Um aber ihrem Sohn auch Ruhm und Anerkennung zu verschaffen, beschließt Ceridwen, in ihrem magischen Kessel einen Trank zu brauen, der dem Kind die Gaben des Wissens, der Weisheit und der Weissagung verleihen soll. Die Herstellung ist kompliziert und langwierig: Sie dauert ein Jahr und einen Tag. Während sie noch mit anderen Aufgaben beschäftigt ist, lässt Ceridwen den siedenden Kessel in der Obhut eines blinden, alten Mannes und eines Zwerges namens Gwion Bach.

Die beiden geben gut auf den Kessel Acht, bis gegen Ende des Jahres drei Tropfen des Gebräus auf die Finger von Gwion Bach spritzen. Als er sie ableckt, kann er plötzlich in die Zukunft blicken. Er sieht, was geschehen wird, und flieht, denn Ceridwen, erbost über die vertane Arbeit – der Trank war nun unbrauchbar geworden – verfolgt den Zwerg voller Zorn.

Gwion, der ebenfalls Zauberkräfte besitzt, verwandelt sich in einen Hasen, der von Ceridwen in der Gestalt einer Jagdhündin verfolgt wird. Danach wird er zum Fisch, sie zu einem Otter, er zu einem Vogel, sie zu einem Falken und letztendlich verwandelt er sich in ein Weizenkorn und Ceridwen in eine Henne, die das Korn frisst. Daraufhin wird sie schwanger und er als ihr wunderschönes Kind geboren. So kann es kommen, wenn man mal einen Moment nicht aufpasst ...

Ceridwen bringt es trotz ihrer Wut nicht übers Herz, den Kleinen zu töten, und setzt ihn in einem Boot aus, wie es einst auch Moses widerfuhr, bedeckt ihn mit einem Tuch und lässt das Boot auf dem Wasser treiben. Der Knabe wird von Elphins gefunden und erhält den Namen Taliesin, »strahlende Sterne«. Aus ihm wird ein großer Barde und Druide.

Taliesin wurde zu einer Vorlage für den späteren Merlin aus den Artussagen. Der Kessel mit dem Zaubertrank fand seinen Eingang in die Hexenküchen des Volksglaubens und die späteren Asterixcomics.

Teil 4

Historische keltische Helden

Boadicea im Streitwagen umringt von britannischen Kriegern. Zeichnung von Edward Farr.

Wir haben in diesem Buch viel von keltischen Helden gehört. Nahezu alle sind mythologische Figuren. Doch gab es durchaus auch reale Personen, aus deren Leben Details bekannt sind. Deshalb möchten wir drei davon vorstellen, von denen wir glauben, dass sie es als Menschen, die in die Geschichte der Kelten eingegangen sind, mit echten Problemen zu tun hatten. In den ihnen gewidmeten Erzählungen liest man nichts von einer Anderswelt und es wirken auch keine Zauberkräfte. Da sie mit dramatischen politischen Ereignissen zu kämpfen hatten, mit brutaler Realität, sind sie für uns die Bindeglieder zur wirklichen Welt, in der man sich heute oft wünschen möchte, dass eine Fee mit ihrer wunderbaren Zauberkraft die Dinge wieder ins rechte Lot bringen möge.

Vercingetorix

Es kommt selten vor, dass man von einem keltischen Helden relativ fassbare Daten zur Verfügung hat. Nun, Vercingetorix ist, im Gegensatz zu vielen anderen, die hier im Buch namentlich aufgeführt sind, eine Person, deren Existenz historisch belegt ist. Man weiß von ihm definitiv, dass er im Jahr 46 v. Chr. in Rom ums Leben kam. Vermutlich wurde er im Jahr 82 v. Chr. geboren. Als tragischer Held im Kampf gegen die Truppen des Eroberers Gaius Julius Caesar ging er in die Geschichte ein. 52 v. Chr., im siebten Jahr des Gallischen Krieges, vereinigte er fast alle gallischen Völker in dem – erfolglosen – Versuch, die Unabhängigkeit der kontinentalen Kelten zu verteidigen. Vercingetorix war ein avernischer Adeliger.

Die Geschichte nahm ihren Anfang, als zu Beginn des Jahres 52 v. Chr. Mitglieder des Stammes der Karnuten einige römische Geschäftsleute ermordeten. Diese Kaufleute hatten ihre Läden in der Stadt Cenabum, dem heutigen Orléans. Der Widerstand der Gallier gegen die römischen Besatzer nahm in dieser Zeit ständig zu. Einer ihrer Anführer war Vercingetorix.

Ihm gelang es, andere keltische Stämme wie die Senonen, die Pictonen, die Parisier, die Aulerci, die Turonen, die Lemovicer, die Anden und kleinere weitere Gruppierungen zu einen. Man muss in diesem Zusammenhang wissen, dass die Kelten bis dato nie als geeinte Kriegsnation aufgetreten waren. Wenn es Kämpfe gab, dann entweder zwischen einzelnen Stämmen oder solchen einzelner Sippen gegen römische Soldaten, wobei die Kelten meistens den Kürzeren zogen. Vercingetorix wurde zum Oberbefehlshaber der geeinten Truppen ernannt.

Eine keltische Allianz

Die Kunde von der Rüstung der Kelten zum Krieg erreichte Rom schnell. Caesar wurde mit Soldaten nach Gallien geschickt und überfiel zunächst die Averner und einige keltische Städte. Es kam zu ersten Begegnungen mit den Truppen des Vercingetorix, bei denen die Römer siegten. Bei der römischen Erstürmung der Stadt Avaricum (Bourges) blieben nach Angaben Caesars nur knapp 800 der einstmals 40 000 Einwohner am Leben. Dies führte dazu, dass noch mehr Stämme der keltischen Allianz beitraten. Den Römern wurden starke Verluste zugefügt.

Bis auf drei Stämme schlossen sich schließlich alle gallischen Völker Vercingetorix an. Als Teile seines Heeres gegen seinen Willen die Römer angriffen, kam es zu einer heftigen Niederlage für die Kelten. Die Stadt Alesia in der Nähe von Dijon wurde zum Rückzugsort der angeschlagenen Gallier. Weil in der von den Römern völlig eingeschlossenen Stadt die Nahrungsmittel knapp wurden, ließ Vercingetorix alle Frauen und Kinder aus der Stadt hinaus und auf die Römer zutreiben, in der Hoffnung, dass sie von den Gegnern aufgenommen und versorgt würden.

Die Römer reagierten jedoch nicht wie erhofft, sondern ließen die Hilflosen vor den Augen der gallischen Männer, die die Frauen und Kinder auch nicht wieder in die Stadt ließen, verdursten und verhungern. Vercingetorix erkannte, dass die Lage seiner Krieger aussichtslos war, und beschloss, sich den Römern auszuliefern, um so bessere Bedingungen für die Belagerten zu erreichen. Sechs Jahre der Einkerkerung folgten für den gallischen Anführer. Als im Spätsommer des Jahres 46 v. Chr. Caesar im Triumph durch Rom zog, wurde sein einstiger Gegner öffentlich erdrosselt.

Der französische Heldenmythos

Leben und Tod des keltischen Helden Vercingetorix waren dramatisch. Wie geschaffen für Legendenbildungen. Im 19. Jahrhundert arbeitete man in Frankreich bewusst am Mythos des Helden. Man versuchte, anhand seiner historischen Person ein bis in die Zeit der Kelten zurückgehendes Kontinuum des französischen

Volkes zu konstruieren. Ähnliches probierte man in Deutschland mit der Gestalt Hermanns des Cheruskers.

Auch wenn Kaiser Napoleon III. ein bekennender Anhänger Caesars war, ließ er während seiner Regierungszeit mehrere Denkmäler des Arverners aufstellen. Eines, errichtet am vermuteten Schauplatz der Schlacht von Alesia, trägt die Inschrift »Das vereinigte Gallien, das eine einheitliche Nation bildet, die von demselben Geist beseelt ist, kann der ganzen Welt trotzen«. Ein weiteres Standbild in Clermont-Ferrand zeigt den Anführer mit einem Flügelhelm, der ab dem Jahr 1866 allgemein als »typisch gallischer« Kopfschutz betrachtet wird. Dafür gibt es allerdings keine historischen Belege; der Flügelhelm ist eine romantische Erfindung.

Französische Republikaner beriefen sich im Laufe der Folgejahre immer wieder gern auf den Gallierfürsten, während andere, zum Beispiel die Konservativen, den Merowingerkönig Chlodwig I. als Begründer des Frankenreichs für ihre Zwecke mythologisierten.

Ambiorix

Die Marktbesucher in der belgischen Stadt Tongeren sind es gewohnt, dass ein keltischer Freiheitskämpfer mit entschlossenem Blick auf sie herabschaut. Ambiorix war einer der beiden Könige der Eburonen und führte diese an, als sie sich im Jahr 54 v. Chr. gegen die Römer auflehnten. Die Eburonen lebten im Gebiet zwischen Nordeifel, Maas und Rhein sowie im westlichen Teil des heutigen Nordrhein-Westfalens.

Die Schlacht bei Eschweiler

Ambiorix und seine Leute fügten dem Feldherrn Julius Caesar die verheerendste Niederlage während des gesamten Gallischen Krieges zu. Bei der Stadt Atuatuca wurden rund 10 000 römische Soldaten aufgerieben; Historiker vermuten heute, dass es sich dabei um die Stadt Eschweiler im Landkreis Aachen handelt. Die Rache Caesars ließ nicht lange auf sich warten.

Während im Herbst des Jahres 54 das Land des Stammes der Eburonen überrannt wurde, kaum ein Stein auf dem anderen blieb und sich sein Mitkönig Catuvolcus das Leben nahm, fasste man Ambiorix nicht. Bald ging die Kunde um, er habe den Rhein überquert und bei den Germanen Asyl gefunden.

Laut Caesar hatte Ambiorix einen Sohn. Dieser wurde vom benachbarten Stamm der Atuatuker als Geisel festgehalten. Caesar habe ihn befreit und zu seinem Vater geschickt, so heißt es. Der Römer stand über Boten in Kontakt mit seinem Gegner, den er als listig und skrupellos beschreibt.

Ambiorix hatte damals den römischen Soldaten einen sicheren Abzug aus ihrem belagerten Winterquartier versprochen, was zu einer ungeordneten Flucht der Römer führte. In einem Tal ließ er die Römer angreifen, die meisten der überraschten Legionäre kamen dabei ums Leben. Caesar kehrte noch einmal im Jahr 51 mit Truppen zurück, um Ambiorix zu finden. Aus Wut, dass ihm dies nicht gelang, ließ er seine Soldaten erneut das Eburonenland verheeren.

Boudicca

Sie ist der Prototyp einer starken Frau. Die britannische Königin Boudicca (Boadicea) wird auf der Britischen Insel heute noch für ihren Mut verehrt. In den Jahren 60 bis 61 v. Chr. führte sie den Aufstand gegen die römischen Besatzer an.

Nach dem Tod ihres Mannes Prasutagus, des Königs der Icener, wollten die Römer keine Frau als Anführerin eines keltischen Stammes akzeptieren. Als Boudicca sich weigerte sich zurückzuziehen, peitschte man sie öffentlich aus, ihre jungfräulichen Töchter wurden von Soldaten vergewaltigt. Boudicca schwor Rache, verbündete sich mit einem Nachbarstamm, den Trinovanten, und griff die römischen Siedlungen in der Region des heutigen East Anglia an.

Die Stadt Camulodonum (Colchester), ein römischer Veteranenort, wurde zerstört. Alle Bewohner kamen dabei ums Leben. Die britannischen Kelten waren den Römern zwar zahlenmäßig deutlich überlegen (sie hatten 50 000 Krieger unter Waffen), die Besatzer verfügten jedoch über die besser organisierte Kriegsführung. Es kam zu einer vernichtenden Schlacht in der Nähe der heutigen Stadt St. Albans (Verulamium).

Der Historiker Tacitus berichtet, dass sich Boudicca nach der Niederlage das Leben genommen habe. Als die antiken schriftlichen Quellen der Mönche wiederentdeckt worden waren, wurde sie zum Mittelpunkt zahlreicher Tragödien, Gedichte, historischer Romane, Jugendbücher und Lieder. Heute kann jeder Londonbesucher sie bewundern, denn dort steht sie mit ihren Töchtern auf einem Streitwagen: als Statuengruppe am linken Themseufer, gegenüber vom Big-Ben-Glockenturm.

Teil 5

Die Mythologie der Inselkelten

Treffen von Unterhändlern der Fir Bolg und der Túatha Dé Dannan. Zeichnung von Stephen Reid.

Es gab und gibt mehrere irische mythologische Zyklen. Wenn man eine grobe Unterteilung in Nord- und Südirland vornimmt, dann sind der Ulster-Zyklus, der zumeist in der Nordhälfte der Insel verortet wird, und der Finn-Zyklus mit seinen hauptsächlichen Schauplätzen im Süden die wichtigsten.

Was die schriftlich überlieferte britannische Mythologie betrifft, so lassen sich hier drei sprachlich unterschiedliche Gruppen erkennen: Texte aus dem Mittelalter auf Kymrisch und Bretonisch sowie Latein und schließlich Angelsächsisch. In Wales und Irland sind dies in erster Linie Manuskripte der Mönche, während es in Schottland eine ganze Reihe von Liedern in Balladenform gab und immer noch gibt.

Schreibender Mönch auf einer irischen Briefmarke von 1940.

Die Besiedlung Irlands oder das *Lebor Gabála Érenn*

Einer der ersten Mythen, den die irischen Mönche aufschrieben, ist *Das Buch der Landnahmen Irlands,* das *Lebor Gabála Érenn.* Die irischen Mönche versuchten in ihm die keltischen und christlichen Überlieferungen zu verbinden. In diesem Buch wird die Besiedlung Irlands beschrieben. Interessant ist, dass man noch bis ins 17. Jahrhundert hinein glaubte, dass es sich bei diesen Schriften um die Wiedergabe von Tatsachen handele, und das Buch als Geschichtswerk betrachtete. Heute nimmt man an, dass die mythischen Schilderungen zumindest zum Teil auf historischen Geschehnissen basieren und von den Mönchen, die sie als erste aufzeichneten, in ihre Zeit, also das frühe Mittelalter, transportiert wurden.

Im *Lebor Gabála Érenn* ist von sechs Etappen der Inselbesiedlung die Rede. Die erste Siedlerin, die auf der Grünen Insel ankam, war Cessair mit ihrem Gefolge, dann folgte Partholon mit den Seinen, nach ihm Nemed mit seinen vier Frauen, anschließend die Fir Bolg, die Túatha Dé Danann und zum Schluss die Milesier, die als die Vorfahren der irischen Kelten betrachtet wurden. Die neuen Besiedler unterwarfen jeweils die ansässigen Bewohner, die sich daraufhin in die Anderswelt zurückzogen und danach von den Menschen als Götter oder Naturgeister verehrt wurden. Doch betrachten wir nun diese sechs Etappen der Besiedelung und ihre Protagonisten im Einzelnen.

Cessair

Zuerst kam, wie bereits erwähnt, eine Frau, Cessair, mit 50 weiteren Frauen auf die damals menschenleere Insel, begleitet von ihrem Vater Bith (Leben), ihrem Mann Fintan und dem Steuermann Ladra. Es heißt manchmal, sie sei eine Enkelin Noahs gewesen und dieser habe sich geweigert, sie und ihre Begleitung mit an Bord der Arche zu nehmen. Den Ertrinkungstod vor Augen, habe sich Cessair zum Bau eines eigenen Bootes entschlossen. Im Zuge dieser Unternehmung habe sie dann auch gleich dem biblischen Gott abgeschworen und sich anderen Gottheiten zugewandt. So wurde Cessair zum weiblichen Gegenstück Noahs.

Cessair und ihr Gefolge segeln also hinaus aus der damals bekannten Welt und werden von den stürmischen Winden an die Küste Irlands getrieben, wo sie sich zum Bleiben entschließen. Die eine Hälfte der Frauen bleibt bei Fintan, die andere bei Bith. Nach dem baldigen Tod Ladras und Biths bleibt nur noch Fintan als einziger Mann übrig. Angesichts der Vielzahl an Frauen, die nun auf ihn allein zählen, sucht dieser allerdings das Weite. Wie die Geschichte weitergegangen ist, verschweigen uns die christlichen Schreiber. In ihrer Version sterben jedoch alle Frauen der Insel und zwar sieben Tage, bevor die große Sintflut beginnt.

Die mächtige Banba

Die christlichen Chronisten berichten allerdings noch von einer weiteren Frau, Banba ist ihr Name. Auch sie legt an der Insel an, ebenfalls von drei Männern begleitet und gleich mit 150 Jungfrauen an Bord. Tragischerweise bricht an Land eine Seuche aus und alle sterben, bis auf die übermächtige Banba, die als einzige überlebt. Sie besteigt einen Berg, den Tul Tuinde, und lässt sich dort als dreifaltige Muttergöttin nieder. Fortan besteht sie aus Banba, Fódla und Ériu. Vom dritten Namen ist Éire, *die offizielle Bezeichnung der Iren für ihre Grüne Insel, abgeleitet.*

Partholon

Der nächste Ankömmling ist der einäugige Partholon, der mit seinem Schiff aus dem griechischen Mittelmeerraum kommend die irischen Gestade erreicht. Er ist ein Vater- und Königsmörder. Auf der Flucht begleiten ihn seine drei Söhne, ein Diener, drei Schwiegertöchter und seine Frau.

Die Mönche, die seine Geschichte aufzeichnen, wissen sogar zu berichten, an welchem Tag er als erster nach der großen Flut die Insel betrat: am Dienstag, dem 14. Mai. Das Jahr wissen sie nicht, wohl aber, dass Abraham zu diesem Zeitpunkt 60 Jahre alt war. Es heißt, der Fomorier Cichol habe Partholon vergiftet. Die Fomorier lebten zu dieser Zeit bereits auf der Insel, wann sie dorthin kamen, wird allerdings nicht berichtet. Cichol, ihr König, wurde »Klapperbein« genannt. Alle Fomorier waren ziemlich gehandicapt: Sie hatten nur ein Bein, einen Arm und ein Auge.

Nemed aus dem Osten

Die dritte Einwanderungsgruppe wird von Nemed angeführt. Ihn begleiten seine Gattin Macha und seine vier Söhne mitsamt ihren Frauen. Von einem östlichen Meer soll er gekommen sein, entweder dem Kaspischen oder dem Schwarzen. Nemed und seine Leute kämpfen erfolgreich gegen die Fomorier, rotten sie aber nicht aus. Später, nach dem gewaltsamen Tod Nemeds, müssen sie wieder fliehen. Ihre Nachfahren kommen später als vierte und fünfte Invasion unter den Namen Fir Bolg beziehungsweise Túatha Dé Danann nach Irland.

Fir Bolg

Die flüchtenden Angehörigen Nemeds finden in Griechenland Aufnahme. Die Mönchschronisten haben errechnet, dass es im Jahr 2400 v. Chr. gewesen sein muss, dass ihre Nachfahren unter dem Namen Fir Bolg ihrerseits in Irland an Land gingen. Der Zeitpunkt erscheint recht unwahrscheinlich. Heute werden die Fir Bolg mit dem Stamm der Belger in Verbindung gebracht, von dem einige Mitglieder um 100 v. Chr. nach Irland einwanderten. Sie teilten Irland in fünf Provinzen auf und begründeten die Monarchie als Regierungsform.

Die mythischen Túatha Dé Dannan

Auf die Fir Bolg folgen die Túatha Dé Dannan. Dieses Volk ist sehr bewandert in Magie und Zauberei. Die Túatha Dé Dannan haben bei ihrer Ankunft vier Schätze dabei: den sprechenden Stein Lia Fál, den unfehlbaren Speer des Gottes Lug, das tödliche Schwert Nuadus und Dagdas wundersamen Kessel, den wir bereits kennen und aus dem zu jeder Zeit die besten Speisen hervorgeholt werden konnten.

Die christlichen Herausgeber der späteren Schriften taten sich schwer, diese Ankömmlinge genau einzuordnen. Sind es Dämonen, Götter oder Menschen mit besonderen Fähigkeiten? Jedenfalls handelt es sich um Nachfahren Nemeds und damit eigentlich Menschen. Somit sollen sie auch mit den Fir Bolg verwandt sein und dennoch bekriegt man sich.

Die Túatha Dé Dannan siegen und schlagen auch die Fomorier. Doch auch ihre Herrschaft wird nicht von Dauer sein, sondern von den Milesiern beendet. Die Túatha Dé Dannan werden dann zu jenem mysteriösen Volk aus Feen und Elfen in der Anderswelt, als welches sie in unzählige Sagen und Märchen eingegangen sind.

Die Milesier

Die Milesier kommen als Protagonisten der letzten Einwanderungswelle in 36 Schiffen nach Irland. Ihr Ursprungsland soll Ägypten gewesen sein. Sie werden nicht nur von den Túatha Dé Dannan empfangen, welche sie später besiegen werden, sondern auch von einem Zauberheer, das von der Dreifachgöttin geschaffen wurde. Die Eindringlinge verfügen allerdings über einen Gegenzauber und werden nicht vertrieben. Den Göttinnen bleibt nichts anderes übrig, als sie willkommen zu heißen. Amergin, einer der Anführer der Milesier, verspricht allen drei Erscheinungsformen der Gottheit, dass die Insel für alle Zeiten ihre drei Namen tragen werde. Im Gegenzug wird den Milesiern die ewige Gunst des göttlichen Trios gewährt.

In später entstandenen Zyklen werden die Protagonisten der verschiedenen Etappen der Inseleroberung bereits als mythische Helden betrachtet.

Wie alt diese Mythen sind, ist schwer zu sagen, die ältesten vermutlich schon mehr als 2000 Jahre, schätzen die Fachleute. Im siebten Jahrhundert wurden sie erstmals aufgeschrieben und vom zwölften Jahrhundert an erneut in Prosa verfasst. Die Handlungen werden darin realistisch geschildert, haben aber immer einen Bezug zum Übernatürlichen. Gewalttaten spielen, wie bei so vielen alten irischen Sagen, leider sehr oft eine Rolle. Auch die Sexualität. Aus heutiger Sicht ist der moderne Begriff »Sex and Crime« bezogen auf die alten Geschichten durchaus zutreffend.

Der Ulster-Zyklus

Im Ulster-Zyklus steht eine Gesellschaft im Fokus, für die Viehzucht und Kampf eine wichtige Rolle spielten. Rinder, Pferde, Schweine und Hunde tauchen oft auf.

Der Ulster-Zyklus dreht sich im Kern um die Sage »Der Rinderraub von Cooley«, in der es um die Verteidigung Ulsters gegen Eindringlinge aus der Nachbarprovinz Connacht geht, die von Königin Medb und König Ailill mac Máta angeführt werden.

Conchobar mac Nessa ist der König von Ulster, er steht, wie der Held Cú Chulainn, auf den wir noch ausführlicher eingehen werden, im Mittelpunkt des Zyklus. Eine Reihe von Vorgeschichten gehört zum Umfeld des Ulster-Zyklus (insgesamt um die 80), darunter auch diejenigen, in denen die Zeugung des Helden und Königs behandelt werden.

Wer Conchobars Vater war, darüber besteht in den Geschichten kein Zweifel: der Druide Cathbad. Allerdings gibt es zwei verschiedene Versionen bezüglich seiner Zeugung. Hier zunächst die ältere der beiden.

Die Zeugung des Königs

Nessa, Conchobars zukünftige Mutter, sitzt mit ihren Hofdamen im Garten. Zufällig kommt der Druide Cathbad vorbei und es entspinnt sich ein Gespräch zwischen den beiden. Nessa stellt eher beiläufig eine Frage: »Wozu bringt gerade die jetzige Stunde

Glück?« Der Druide antwortet: »Ein künftiger König, der jetzt, in dieser Stunde, von einer Königin empfangen wird, wird in Irland ewigen Ruhm erlangen.«

Nessa, die Königin, glaubt an die visionäre Kraft des Druiden. Weit und breit ist kein anderer Mann zu sehen. Also schickt sie kurzerhand ihre Hofdamen fort und bittet Cathbad in ihr Schlafgemach. Dort geben sie sich in der nachfolgenden Stunde dem Liebesspiel hin, um die druidische Prophezeiung sich erfüllen zu lassen. Danach ist Nessa drei Jahre und drei Monate lang schwanger. Ein guter König muss lange heranreifen ...

Die zweite überlieferte Fassung ist weniger romantisch.

Hier bekämpfen sich Cathbad und Nessa und er besiegt sie mit einer List. Er lässt sie nur unter der Bedingung am Leben, dass sie seine Frau wird. Eines Tages holt sie Wasser aus dem nahen Fluss und findet im Gefäß zwei Würmer. Cathbad zwingt sie, das Wasser mit den Würmern zu trinken. Davon wird sie schwanger. Cathbad – der Seher – prophezeit, dass das Kind einmal ein berühmter König sein werde. Allerdings muss Nessa die Geburt bis zu der Nacht hinauszögern, in der Jesus geboren wird, was ihr auch gelingt. Bei der Geburt hält der kleine Conchobar in seinen Händen je einen Wurm.

Weitere Figuren sind Deirdre und Naoise, zwischen denen sich eine tragische Liebesgeschichte entspinnt. Diese wollen wir nun ebenfalls kurz vorstellen.

Die traurige Deirdre

König Conchobar von Ulster hat einen Barden namens Fedlimid. Dessen Tochter trägt den Namen Deirdre und von ihr wird gesagt, dass man sie schon weinen hörte, als sie sich noch im Leib ihrer Mutter befand. Der hellsichtige Druide Cathbad hatte ihr prophezeit, dass sie zwar sehr schön werden, ihr Leben aber unter keinem guten Stern stehen und sie auch andere Menschen mit ins Unglück stürzen werde.

Gerade für einen König ist eine solche Prophezeiung natürlich ein Schicksalsschlag. Seine Gefolgsleute wollen das Neugeborene sofort nach der Niederkunft der Mutter töten. Doch Conchobar lässt das Kind fortbringen und bei Pflegeeltern aufwachsen. Ab und zu besucht er seine Tochter. Weil sie immer schöner wird, will er sie selbst heiraten.

Die schöne Deirdre war stets traurig. Auch ihre Erzieherin Leabharcham konnte ihr die Herzensschwere nicht nehmen. Zeichnung von John Dickson Batten.

Eines Tages beobachtet Deirdre ihren Pflegevater im Winter draußen beim Häuten eines Kalbes. Ihrer Erzieherin Leabharcham erzählt sie danach, sie wünsche sich einen Ehemann, dessen Haut so weiß sei wie Schnee. Außerdem solle er Wangen haben so rot wie das Blut des Kalbes und seine Haare sollten so schwarz sein wie das Federkleid des Raben, der vom Blut des Kalbes getrunken hat. »Einen solchen gibt es«, sagt Leabharcham, »sein Name ist Naoise!«

Tatsächlich werden die beiden, Naoise und Deirdre, ein Paar. Und natürlich müssen sie vor dem König fliehen. Ihr Ziel ist das heutige Schottland. Doch mit falschen Versprechungen lockt Conchobar die beiden zurück nach Irland. Dort lässt er Naoise von Eóghan, einem seiner Männer, töten. Deirdre tut daraufhin öffentlich ihren Hass auf den König und Eóghan kund. Da befiehlt Conchobar ihr, nun abwechselnd jeweils sechs Monate mit ihm und sechs mit Eóghan zu leben. Doch Deirdre begeht Selbstmord, indem sie aus einem fahrenden Wagen heraus absichtlich mit dem Kopf gegen eine Wand schlägt.

Nun wenden wir uns einem der Hauptakteure des Ulster-Zyklus zu.

Der sagenhafte Cú Chulainn

Cú Chulainn bedeutet so viel wie »der Hund des Culann« und der so Bezeichnete war der bedeutendste Kämpfer einer Vereinigung, die sich »Roter Zweig« nannte. Dies waren Krieger des Königs von Ulster, Conchobar mac Nessa, von dem wir schon gehört haben. Cú Chulainns Mutter war Deichtire, die Schwester des Königs, und es hieß, sein Vater sei ein Gott, Lug.

Doch trotz des göttlichen Vaters ist unser Held sterblich. Weil er bereits als Sechsjähriger den gefährlichen, als unbesiegbar geltenden Hund des Schmieds Culann mit einer Schleuder tötet, bekommt er seinen Namen, denn ursprünglich hieß er Sétanta. Dem Schmied verspricht er, künftig die schützenden Aufgaben des Hundes zu übernehmen. Er hat einen treuen Begleiter namens Loeg mac Riangabra. Der lenkt auch seinen Wagen, vor den die beiden Lieblingspferde Cú Chulainns, Liath Macha und Dub Sainglenn, gespannt werden. Wie es sich für einen Halbgott gehört, besitzt er übermenschliche Kräfte. Eine seiner ersten Taten noch als kleiner Knabe ist der Sieg über eine 150-köpfige Jungengruppe in sämtlichen damals populären sportlichen Disziplinen, vom Wettlauf bis zum Wettschwimmen.

Auch fängt Cú Chulainn mühelos wilde Hirsche, die er dann mit einigen Schwänen vor seinen Streitwagen spannt. Die Kunst des bewaffneten Kampfes lernt er von einer Frau, der Kriegsprinzessin und -göttin Scáthach. Sie bringt ihm bei, wie man in der Luft schwebend kämpft, gewaltigen Lärm macht, um Gegner zu verschrecken, auf einer Lanzenspitze balanciert oder ein schweres Rad eine Hauswand hochrollt.

Von Cú Chulainn wird berichtet, dass er sich im Kampf ungeheuer stark verdrehen konnte: Füße und Knie drehten sich dann auf die Hinterseite, Fersen und Gesäß nach vorne. Ein Auge zog er in den Kopf, das andere sprang nach außen. Cú Chulainn, der an jeder Hand sieben Finger hatte und sieben Zehen an jedem Fuß, ließ sich im Alter von 17 Jahren an einen Baum fesseln und hielt so, mit nur einer Hand kämpfend, völlig allein eine ganze Armee auf.

Einmal gerät Cú Chulainn in eine so große Kampfesraserei, dass er für die eigenen Mitkämpfer gefährlich wird. Mugain, die Frau Conchobars, läuft ihm deshalb mit eini-

gen Begleiterinnen nackt entgegen, um ihn von den Männern abzuhalten. Dies reicht nicht aus, es bedarf dreier Fässer mit eiskaltem Wasser, bis sich der rasende Kämpfer beruhigt. Das erste Fass zerbricht, im zweiten fängt das Wasser an zu kochen, als man ihn hineinwirft, und auch im dritten erwärmt sich das Wasser.

Schön war er dagegen, wenn es darum ging, das weibliche Geschlecht zu beeindrucken. Sein Haar schimmerte dann braun, rot und golden. Seine Pupillen seien wie Juwelen gewesen, so heißt es. Kein Wunder, dass ihm die Frauen zu Füßen lagen. Er liebte zunächst viele von ihnen und heiratete schließlich Emer, die Tochter Forgall Manachs.

Mit einer anderen Frau namens Aife von Alba hatte er einen Sohn, Connla. Irrtümlicherweise tötete er diesen eines Tages.

Die Fee Fand bittet den Helden um Hilfe, als sie von Feinden angegriffen wird. Als Gegenleistung verlangt Cú Chulainn von ihr, seine Frau zu werden. Sie sagt nur widerwillig zu, verliebt sich dann aber doch auf Anhieb in ihn. Aber das Land der Feen gerät durch die Beziehung der beiden in Gefahr, sodass Mannanan, der Sohn des Meeresgottes Lir, den wir bereits kennengelernt haben, einschreiten und die Erinnerung der beiden aneinander auslöschen muss.

Eines Tages verlässt Manannan seine Frau Fann. Diese verliebt sich ihrerseits in Cú Chulainn, auch wenn dieser sterblich ist. Dennoch geht er mit ihr in die Andere Welt. Das wie-

Cú Chulainn und seine Frau Emer. Zeichnung von Stephen Reid.

derum gefällt Cú Chulainns Partnerin Emer überhaupt nicht und sie bittet Fann, auf ihn zu verzichten, was diese auch tut.

Daraufhin verliert Cú Chulainn den Verstand. Erneut muss Manannan eingreifen und mithilfe seines Zaubermantels die Erinnerung der beiden löschen. Er nimmt Fann zu sich zurück und Cú Chulainn wird wieder gesund.

Über den Tod des Helden wird folgendes berichtet:

Für gälische Krieger galten oft spezielle Tabus *(Geis)*. Bei Cú Chulainn waren dies zwei: Er durfte niemals ein Gastmahl ablehnen und niemals Hundefleisch essen (wegen seines Namens). Beim Bruch eines dieser Verbote kämen ihm seine übermenschlichen Fähigkeiten abhanden, so hieß es. Cú Chulainn hatte, wie die meisten Helden, natürlich auch Feinde. Eines Tages wird er zu einem Festmal eingeladen und darf nicht ablehnen. Dort gibt es Hundefleisch zu essen. Diese Speise schwächt Cú Chulainn sehr und seine Feinde töten ihn im darauffolgenden Kampf.

Es heißt auch, er sei aufrecht stehend an einen Menhir gebunden gestorben.

Bevor wir uns dem Kernstück des Ulster-Zyklus, der Geschichte um den Rinderraub von Cooley, nähern, seien hier noch einige Ausführungen und Erzählungen zu weiteren wichtigen Akteuren vorangestellt.

Der König mit dem langen Bart

Cormac mac Airt war ein langbärtiger Hochkönig und hatte seinen Sitz in Tara. Sein Vater hieß Art mac Cuinn und seine Mutter Achtan. Sein Großvater war König Conn Cétchathach. Seine Regierungszeit wird auf die Jahre zwischen 254 und 277 n. Chr. datiert. Sein Königsamt konnte er jedoch erst nach der Vereinigung mit der Göttin Medb antreten. Dies ist ein typisches Beispiel für eine Heilige Hochzeit *(Hieros gamos)*, wie wir sie anderenorts beschrieben haben.

In Erzählungen erscheint Cormac als idealer König, denn während seiner Amtszeit herrschten Wohlstand und Frieden. Sein Handeln hat viel mit Magie und Zauberei zu tun, wie folgende Geschichte zeigt.

Cormac versucht, die Provinz Munster zu erobern, und lässt deshalb alle Flüsse und Seen dort austrocknen. Der dortige König kann jedoch ebenfalls auf magische

Hilfe zählen und lässt die Gewässer mithilfe des blinden Zauberers Mog Ruith wieder fließen.

Eines Tages entführt der Meeresgott Manannan, den wir nun schon kennen, Cormac mitsamt seiner Frau und seinen Kindern auf eine Insel in der Anderswelt. Nach einiger Zeit bringt er sie jedoch wieder unversehrt nach Tara zurück.

Von Cormac wird erneut die Rede sein, wenn es um Fionn gehen wird, der einem weiteren Zyklus seinen Namen gegeben hat, dem Finn-Zyklus. Er begehrt, bereits gealtert, Cormacs junge Tochter Gráinne zu heiraten. Nach einigen Wirren ehelicht der verwitwete und einsame Fionn jedoch schließlich Cormacs andere Tochter. In den *Annalen von Clonmacnoise* wird Cormac als der »absolut beste König, der Irland je regierte ...« bezeichnet.

Die Schöne und der Stier

Kommen wir zu Medb. Ihr Name bedeutet übersetzt »berauschend« oder »die Berauschende«. Sie ist die Tochter von Eochaid Fedlech und die Schwester von Mugain. Medb ist wunderschön und stark, aber auch kriegerisch und unerbittlich. Zunächst soll sie Conchobar heiraten, den König von Ulster, entscheidet sich jedoch für einen anderen, Ailill mac Máta, den König von Connacht. Es folgen zahlreiche weitere Ehemänner und Liebhaber. Für ihre Zwecke setzt sie ihren attraktiven Körper des Öfteren ein. Braucht sie die Hilfe eines Königs oder Kriegers, macht sie ihm entsprechende Avancen. Wenn sie damit nicht ans Ziel kommt, scheut Medb auch nicht davor zurück, die Liebesdienste ihrer Tochter Findabair anzubieten, wie wir noch sehen werden.

In der nun folgenden zentralen Erzählung des Zyklus, »Der Rinderraub von Cooley«, geht es darum, dass Medb in einem Krieg gegen Ulster versucht, den Stier Donn Cúailnge in ihren Besitz zu bringen, dies nur, weil sie einen Stier ihr Eigen nennen will, der mindestens ebenso stark ist wie der ihres derzeitigen Partners. Am Ende sterben beide Tiere. Eine entscheidende Rolle spielt Medb auch in den Geschehnissen um Cú Chulainns Tod. Natürlich ereilt auch sie eines Tages das Schicksal. Doch erst, nachdem sie ihre eigene Schwester Clothru ermordet hat.

Vercingetorix legt Caesar seine Waffen zu Füßen. Gemälde von Lionel Royer.

Die blonde Isolde. Gemälde von Gaston Bussière.

Rechts: Tristan und Isolde mit dem Liebestrank. Gemälde von John William Waterhouse.

Links: Parzival mit dem Gral. Gemälde von Arthur Hacker.

Rechts: Die Verführung Merlins durch Nimue. Gemälde von Edward Burne-Jones.

Die Dame vom See tritt in den diversen Artussagen unter verschiedenen Namen auf. Das eine Mal ist sie Viviane, dann Elaine, dann wiederum Nimue. Auch wird sie Hüterin der Quelle oder Lady von Shalott genannt. Ihr Bezug zum Element Wasser und den entsprechenden alten keltischen Göttinnen ist deutlich. Sie war Ziehmutter Lancelots und Lehrerin sowie Geliebte Merlins. Gemälde von John William Waterhouse.

Der tödlich verwundete König Artus wird auf der anderweltlichen Insel Avalon gepflegt. Gemälde von James Archer.

Nach dem Untergang der Stadt Ys übergibt König Gradlon seine Tochter Dahut den Fluten. Gemälde von Évariste-Vital Luminais.

Der Rinderraub von Cooley

Friuch und Rucht sind Schweinehirten und für die Elfenkönige von Connacht und Munster tätig. Eines Tages geraten sie in Streit, aus dem ein Zauberei-Wettstreit entsteht. Sie verwandeln sich zunächst in Vögel, dann in Meeresungeheuer, in Hirsche, Krieger, Geister, Drachen, schließlich in Wasserwürmer. Die letzte Verwandlung wird ihnen zum Verhängnis, denn zwei Kühe verschlucken sie beim Trinken. Dadurch werden die Kühe trächtig. Bald werden zwei Stierkälber geboren. Eines wird als der Donn Cúailnge von Ulster berühmt und das andere als Findbennach von Connacht.

Medb und Ailill, das Königspaar von Connacht, lebt nicht immer in Harmonie. Die Herrscher wetteifern darum, wer von beiden im Königreich der materiell Mächtigere ist. Hinsichtlich der ererbten Besitztümer liegen sie gleichauf. König Ailill hat allerdings etwas, das Medb nicht besitzt: den stärksten Stier der Insel, Findbennach. Das erzürnt Medb gewaltig und so lässt sie die ganze Insel nach einem ebenbürtigen Tier absuchen. In Ulster wird sie fündig. Dort gibt es den legendären Donn Cúailnge. Er schwängert täglich 50 Kühe, die dann auch schon am nächsten Tag Nachwuchs bekommen.

Medb ist bereit, demjenigen, der ihr diesen Stier bringt, viel zu bieten: Land, Sklavinnen, ihren eigenen Körper. Doch nimmt niemand diese Angebote an. Kurzerhand erklärt die Königin daraufhin Ulster den Krieg und auch ihr Gatte muss mit ins Feld ziehen. Ebenso ihr Liebhaber Fergus, der einstmals selbst König von Ulster gewesen ist.

Wie damals üblich, befragt Medb vor dem Kampf einen Druiden und eine Fee, um im Vorfeld eine Prophezeiung über den Ausgang des Krieges einzuholen. Diese fällt nicht gut aus. Trotzdem zieht man in den Kampf, denn es heißt, König Conchobar von Ulster sei nicht abkömmlich, da er und seine Frau Nachwuchs erwarten, und deshalb werde der junge Held Cú Chulainn mit seinem Kriegswagen geschickt. Dieser beeindruckt die gegnerischen Kämpfer jedoch dermaßen, dass sie reihenweise Reißaus nehmen.

Medb verspricht daraufhin demjenigen Kämpfer, der sich Cú Chulainn erfolgreich entgegenstellt, eine Liebesnacht mit ihrer schönen Tochter Findabair. Das lockt zwar einige Krieger, wird für sie jedoch zum Verhängnis, denn Cú Chulainn tötet sie alle.

Medb gelingt es sogar, einen Freund Cú Chulainns gegen ihn antreten zu lassen. Auch dieser findet den Tod und Cú Chulainn macht Medb dafür verantwortlich. Der Held hat mehrere Verletzungen davongetragen und seine Kraft lässt nach, als endlich Conchobar und seine Männer zur Hilfe eilen. Während die Armee der Connachter sich zurückziehen muss, gelingt es jedoch einem Teil von Medbs Heer, den Stier in seinen Besitz zu bringen.

Der wütende Cú Chulainn verfolgt Medb und stellt sie schließlich in einem Wald. Hier könnte er sie töten, doch ist sie gerade unpässlich und eine solche Tat ist eines Kelten nicht würdig; daher verschont er sie.

Und so gelingt es der habgierigen Königin tatsächlich, den Stier in ihr Land zu führen. Auch wenn, wie der Druide und die Fee es prophezeit hatten, die besten Männer des Landes im Kampf gefallen sind, wertet Medb diese Tat als großen Erfolg.

Schließlich wird der geraubte Stier, Donn Cúailnge, auf den Stier von Ailill, Findbennach, losgelassen. Er zerlegt diesen regelrecht und verteilt dessen Blut und Körperteile über die gesamte Irische Insel. Aus den Überbleibseln des Stieres entstehen neue Täler, Berge und Flüsse. Das siegreiche Tier macht sich auf in seine Heimat, fällt dort jedoch vor Erschöpfung tot um.

Soweit die Ausführungen zum Ulster-Zyklus. Betrachten wir nun sein Pendant.

Der Finn-Zyklus

Der Finn-Zyklus wird auch als Fionn- oder Ossianischer Zyklus bezeichnet. Der Hauptakteur ist Fionn mac Cumhaill. Der Schriftsteller James Macpherson (1736–96) griff für seine epischen Gedichte »Ossians Gesänge« auf die Sagen aus dem Finn-Zyklus zurück.

Fionn oder Finn mac Cumhaill ist der Sohn von Cumhall mac Basna und damit der Enkel von König Tadg mac Nuadat. Der Name Fionn bedeutet »hell«, der ursprüngliche Name des Helden lautet jedoch Demne (»Hirschkalb«).

Zunächst zu seiner Herkunft.

Cumhall mac Basna, der Anführer der Fiannas, wirbt um die Jungfrau Muireann Muncháem bei deren Vater Tadg mac Nuadat, Sohn von Núadu Argatlám, dem König der Túatha Dé Danann. Doch dieser weigert sich, ihm seine Tochter zur Frau zu geben. Es gibt nämlich eine alte Prophezeiung, die besagt, dass ihm von seinem Enkel einst Unheil drohen werde. Cumhall ist nicht der einzige Bewerber. Als er abgewiesen wird, entführt er Muireann kurzerhand. Tadg ruft König Conn Cétchahach zu Hilfe und es kommt zu einem Kampf zwischen dessen Kämpfern und den Fianna. Cumhall stirbt im Zweikampf mit Goll mac Morna, doch Muireann trägt bereits sein Kind unter dem Herzen. Als Tadg mac Nuadat von der Schwangerschaft seiner Tochter erfährt, will er sie töten lassen, doch der König bringt sie in Sicherheit. Bald darauf schenkt Muireann einem Sohn das Leben, den sie Demne (»Hirschkalb«) nennt. Ihm droht Gefahr von diversen Feinden, deshalb wächst er im Wald auf. Später wird aus ihm Fionn mac Cumhaill werden. Als dieser zum Mann herangereift ist, verlangt er von Tadg Genugtuung für den Tod seines Vaters und fordert ihn zum Kampf heraus. Tadg bietet ihm jedoch seinen herrschaftlichen Sitz am Hügel von Almu an und Fionn nimmt das Angebot an.

In der Erzählung von Fionns Jugendtaten wird berichtet, wie er die Gabe des Weissagens erhält. Er ist ein Mensch mit »heilenden Händen«. Reicht er jemandem Wasser zu trinken, wird dieser wieder gesund. Seine Tante bringt ihm hilfreiche Kampfeskünste bei. Seine Mutter schenkt ihm ein magisches Schwert.

Er hat einen Sohn, Oisín, und später einen Enkel namens Oscar.

Fionns Charakter ist wechselhaft. Während er als junger Mensch eine sehr positive Lichtgestalt ist mit seherischen Qualitäten, wird er im Alter als voll des Neides und der Rachsucht beschrieben.

Zahlreiche prähistorische Stätten und Dolmen in Irland werden mit ihm in Verbindung gebracht.

An anderem Ort heißt es auch, nicht Cumhall sei der Vater Fionns gewesen, sondern der Meeresgott Manannan. Dieser habe ihn gezeugt, als Cumhall zu Kampfeszwecken abwesend gewesen sei. Von diesem göttlichen Vater habe Fionn seine besonderen Fähigkeiten geerbt.

Jener Manannan ist der Sohn des Meeresgottes Lir. Er gilt als Lokalgeist der Isle of Man, herrscht über das »Land der Jugend«, die »Ebene der Freude« sowie die »Gesegneten Inseln« und ist Mitglied der Túatha Dé Danann.

Zum Finn-Zyklus gehört auch folgende Geschichte, die als Handschrift im *Buch von Leinster* aus dem 12. Jahrhundert steht. Hier erkennen wir eine keltische Quelle der berühmteren Geschichte von Tristan und Isolde.

Díarmuíd und Gráinne

Fionn, einstmals ein alles überstrahlender Held, ist nun alt und mürrisch geworden. Der Witwer glaubt, dass ihn eine neue, jüngere Gattin wieder zu Kräften bringen könne. So fragt er seinen Sohn Oisín um Rat. Dieser schlägt die junge Gráinne vor. Sie ist die Tochter des Hochkönigs Cormac mac Airt.

Mit diesem lebt Fionn jedoch in Streit. Er verfällt daher auf die Idee, Oisín und seinen Freund Diorraing zu Cormac reisen und um dessen Tochter werben zu lassen. Doch der König möchte sein Kind nicht einfach so vergeben. Das Mädchen soll selbst entscheiden dürfen und sich seinen Bräutigam aussuchen. Gráinne glaubt allerdings, dass Oisín der Bewerber ist, und nimmt daher die Werbung an. Oisín seinerseits hegt jedoch keinerlei Absichten im Hinblick auf Gráinne. Und diese erkennt ihren fatalen Irrtum erst, als Fionn mit seinem Gefolge am Hofe ihres Vaters eintrifft.

Als Gastgeberin bietet die Königstochter jedem der Besucher einen Schluck aus einem kostbaren Trinkgefäß an. Als Diarmuid, einer der Mitreisenden, an der Reihe ist, findet Gráinne schnell Gefallen an ihm. Sie möchte sich deshalb rasch von ihm entführen lassen. Ein wenig Zauberei ist wohl im Spiel, denn Diarmuid willigt sogleich ein und bittet seine Brüder um Hilfe.

Auf der Flucht lässt Diarmuid Fionn die Nachricht zukommen, dass er selbst Gráinne zu heiraten gedenke. Daraufhin droht Fionn, den unerwarteten Nebenbuhler zu töten. Er lässt das Lager der Flüchtenden umzingeln.

Ein Helfer aus der Anderswelt verhilft dem Paar jedoch zur Flucht ans Meeresufer. Dort warten 1000 Kämpfer auf Diarmuid und wollen ihn fangen. Die Liebenden finden Zuflucht in den heiligen Ebereschenbäumen der Túatha Dé Dannan. Doch auch dort werden sie von ihren Verfolgern aufgespürt. Diarmuids Pflegevater, der Gott Oengus, hilft zu vermitteln und es kommt tatsächlich zum Friedensschluss zwischen Fionn und Diarmuid.

Doch dieser ist trügerisch, Fionn lockt Diarmuid in eine Falle. Er hetzt einen Eber auf ihn, der mit dem Zauber belegt ist, dass bei seinem Tod auch Diarmuid selbst sterben wird. Und so geschieht es: Diarmuids Speer trifft das Tier, das ihm im Todeskampf den Leib aufschlitzt.

Fionn hätte nun die Möglichkeit, seinen Nebenbuhler mit einem Schluck Wasser, aus seiner Hand gereicht, zu heilen. Das tut er jedoch nicht, er lässt ihn sterben. Diarmuids göttlicher Pflegevater Oengus gewährt dem Verstorbenen danach Einlass in die Andere Welt. Gráinne nimmt seine Waffen an sich und verteilt sie später an ihre Kinder, die den Getöteten einmal rächen sollen.

In Irland gibt es heute noch steinerne Dolmen, die in Bezug zu dieser Sage stehen. Sie werden »das Bett von Diarmuid und Gráinne« genannt. Diesen Namen trägt auch eine Höhle des Berges Ben Bulben im County Sligo. Auf der Flucht soll das Paar dort gewohnt haben.

Soweit einige Bemerkungen zum Finn-Zyklus.

Weitere keltische Schriften

Der Stammvater der britannischen Sagen ist Prydein, der auch Britus genannt wird. Geoffrey of Monmouth, Autor der *Geschichte der Könige Britanniens (Historia Regum Britanniae),* erzählt in seinem Werk von den Eroberungen des Britus und seinen Kämpfen mit den ansässigen Völkern.

Walisische Erzählungen wurden im Mittelalter in der Schriftensammlung *Mabinogion* festgehalten. Es lassen sich darin frühmittelalterliche historische Ereignisse erkennen, die auf Motiven basieren, welche aus der antiken keltischen Mythologie stammen. Genau genommen besteht das *Mabinogion* aus vier Geschichten (als »Zweige« bezeichnet), in denen ein gewisser Pryderi vorkommt. Er ist zwar nicht die Hauptfigur, aber immer präsent. Später wurden sieben weitere Erzählungen hinzugefügt. Einige stammen aus dem Umfeld der Artussagen.

Die vier Zweige des *Mabinogion* erzählen von den Mitgliedern verschiedener Götterfamilien, beispielsweise aus den Geschlechtern Don oder Llyr. Die vier Zweige heißen »Pwyll Pendefig Dyfed« (»Pwyll, Fürst von Dyfed«), »Branwen ferch Llyr« (»Branwen, Tochter des Llyr«), »Manawydan fab Llyr« (»Manawydan, Sohn des Llyr«) und »Math fab Mathonwy« (»Math, Sohn des Mathonwy«).

In den *Walisischen Triaden* werden weitere Mythen dargestellt.

Die Artussagen in ihrer ganz frühen Form gingen in die walisische, britische, cornische und bretonische Mythologie ein, nicht aber in die irische. Die wichtigsten Erzählungen dieses Themenkreises sind »Die drei Romanzen«, »Die Herrin des Brunnens«, »Peredur, Sohn des Evrawag«, »Gereint, Sohn der Erbin« sowie »Kuhlwch und Olwen«, »Der Traum Ronabwys«, »Der Traum Macsens« und »Die Beraubung von Annwfn«. In Zusammenhang damit stehen auch die Geschichte Taliesins und *Das Buch Taliesins,* eine Gedichtsammlung. Sie inspirierte alle bedeutenden Autoren der mittelalterlichen Artusromane, von Chrétien de Troyes bis zu

Wolfram von Eschenbach. Im fünften Teil dieses Buches werden wir noch ausführlich auf die Artusthematik zurückkommen.

Von Riesen und Menschen

Auf den Britischen Inseln glaubten die Kelten, dass ihr Land zuerst von Riesen bewohnt gewesen sei, dann erst seien die Menschen gekommen:

Als die Kinder der großen Erdmutter und des Himmelsgottes die Welt besiedelt hatten, gerieten sie untereinander in Streit. Überhaupt waren diese riesengroßen ersten Bewohner der Erde sehr streitsüchtig und missgünstig. Überall herrschten Habgier und Wut und auch große Dummheit. Die Götter ärgerte dies sehr und sie beschlossen, gegen die Riesen vorzugehen. Es war der Kampf der Ordnung gegen das Chaos.

Die Götter bezwangen die Riesen, aber sie löschten sie nicht aus. Im Laufe der Zeit besiedelten die kleineren Menschen die Wohngegenden der Riesen. Die großen Gestalten blieben jedoch immer eine Bedrohung für sie, auch wenn sie nun an abgelegenen Orten hausten. Manchmal taten sie sich zusammen und gingen auf Raubzug, einige von ihnen zogen auch allein los und wurden zur Bedrohung für die Menschen.

Es hieß, es seien zwei Riesen gewesen, die Tag und Nacht geschaffen hätten. »Sie werfen sich täglich einen gewaltigen Felsen zu, der fliegt über die ganze Erde und verdunkelt den Himmel«, so wurde erzählt. Und man munkelte, viele Riesen hätten entweder nur ein Auge, einen Arm oder ein Bein.

Einst stritt der irische Riese Finn MacCool mit einem britannischen Artgenossen um eine Frau. Wütend ergriff Finn eine Handvoll Erde und bewarf damit den anderen. Doch er hatte sich verschätzt, sein Wurf landete auf halber Strecke im Wasser. Dort befindet sich heute die Isle of Man.

Im heutigen Wales gab es viele Riesen, so erzählt man sich. Einer habe sogar den Menschen geholfen, indem er über den Meeresgrund geschritten sei und mit einem an seinem Kopf befestigten starken Seil die Flotte der walisischen Kelten auf dem Wasser hinter sich hergezogen habe. Ein anderer mit Namen Rhudda habe sich aus den Bärten von ihm erschlagener Krieger einen Mantel gewoben. Erst der große König Artus habe es vermocht, ihn zu besiegen.

Der Riese Albion, Sohn eines Meeresgottes, war der Stammvater der britannischen Riesen – *Albion* war auch der frühere Name Britanniens. Nachdem der starke

Herakles ihn erschlagen hatte, besiedelten die Nachfahren Albions die gesamte Insel. Allerdings zerstritten sie sich bald und töten sich gegenseitig, sodass nur eine kleine Gruppe von ihnen übrigblieb.

Zwei von ihnen, die Riesen Gog und Ma-gog, wollten beide die Wassernyhmphe Grata heiraten, die im Fluss Cam lebte. Diese lehnte jedoch ihr Werben ab und verwandelte die beiden Riesen mit ihrer Zauberkraft in eine Hügelgruppe, die Gog Magog Downs, damit sie sie in Frieden ließen.

Ein Riese in Cornwall, er hieß Bolster, benahm sich ziemlich unklug. Er hatte sich in die heilige Annis verliebt und wollte sie beeindrucken. Darum füllte er das große Loch in einer Klippe mit seinem eigenen Blut. Er starb bald darauf an Blutarmut ...

Manche Riesen ernährten sich von Menschen. Einer von ihnen lebte am St. Michael's Mount. Er hieß Coromoran. Zu Zeiten des Königs Artus gab es allerdings einen Helden, der ihm gewachsen war. Er wurde Jack, der Riesentöter, genannt und ging seinem Beruf gewissenhaft nach, was Coromoran nicht überlebte.

In Britannien wollte ein Riese namens Bel einer Artgenossin imponieren und versuchte deshalb, mit drei großen Sprüngen seines Pferdes vom Mount Sorrel bis ins heutige Leicester zu springen. Bei diesem Unterfangen fiel er jedoch vom Pferd. Der Ort seiner Beerdigung heißt heute Belgrave.

Auf dem Festland, in der Bretagne, waren die Kelten der einhelligen Meinung, dass die dortigen Giganten *(Géants)* die große Menhiranlage von Carnac und andere urzeitliche Steinsetzungen erbaut hätten. Mit ihrer Veranlagung zu grenzenloser Wut hätten sie immer wieder Naturkatastrophen über das Land gebracht. Der Riese vom Mont-Saint-Michel wurde von König Artus erschlagen, so heißt es, danach seien die Wetterverhältnisse in der Region wieder zur Ruhe gekommen.

Versunkene Städte

Die nachfolgende Erzählung stammt aus Irland. Sie hat allerdings große Ähnlichkeit mit einer Sage aus der Bretagne, deshalb erzählen wir beide hier hintereinander.

Das wunderbare Wasser

Unweit der heutigen Stadt Cork gibt es einen großen See, von dem es heißt, dass sich auf seinem Grund noch immer Häuser, Straßen und Gärten befinden – ja, eine ganze Stadt, wenn man so will. Einst herrschte dort der König Corc. In der Mitte des Innenhofs seiner prächtigen Burg stand ein Springbrunnen, dessen Quelle das reinste und klarste Wasser spendete, das man sich vorstellen kann. Die Leute in der Umgebung liebten dieses Wasser und holten es sich in Krügen.

Und dies sprach sich herum, sodass auch einige Menschen von weither anreisten, um dort Wasser zu holen. Einerseits freute sich der König, dass die Menschen seinen Besitz schätzten, andererseits hatte er Angst, dass der Brunnen eines Tages versiegen könne. Darum ließ er eine hohe Mauer um ihn herum bauen. Diese hatte eine Tür, zu der nur der König den Schlüssel besaß.

Den Bewohnern des Ortes gefiel dies natürlich gar nicht, konnten sie doch jetzt nicht mehr zum Brunnen gehen. Auch vertraute der König niemandem außer seiner Tochter den Schlüssel an. Wenn er von dem Wasser trinken wollte, schickte er sie zum Brunnen. Eines Tages lud der Herrscher zu einem großen Fest. Viele Hochgestellte und Edle reisten an, um mitzufeiern. Es wurde groß aufgetischt.

Unter den Gästen war auch ein junger, attraktiver Prinz. Dieser tanzte den ganzen Abend mit des Königs lieblicher Tochter. Beim Abendessen saß er neben seiner Tanzpartnerin und beide lächelten sich oft an. Irgendwann bemerkte einer der hohen Gäste, dass es reichlich zu essen und zu trinken gebe, jedoch kein Wasser.

Der König hörte dies und schickte seine Tochter mit einem Eimer aus Gold, den er extra für sein so vorzügliches Wasser hatte anfertigen lassen, zum Brunnen: »Geh hin, Tochter, und hole unserem Gast von unserem wunderbaren Wasser!« Fior Usga, so hieß das Mädchen (der Name bedeutet so viel wie »springendes Wasser«) wollte nicht von ihrem Vater vor den Gästen zur Dienerin degradiert werden und schaute betreten zu Boden.

Dem König tat es leid, dass er seine Tochter in solch eine Verlegenheit gebracht hatte, und schlug daher vor, ihr Tischnachbar solle sie begleiten: »Ich kann verstehen, dass du dich in der Dunkelheit fürchtest, mein Kind, so nimm denn den jungen Mann neben dir mit zum Brunnen, er wird dich beschützen!« Der Genannte freute sich sehr darüber, nahm den Goldeimer in die eine Hand und die Königstochter an die andere und so verließen sie den Saal. Die Gäste schauten ihnen hinterher.

Am Brunnen ließ das Mädchen den Eimer hinab, doch wurde er ihm zu schwer, es verlor das Gleichgewicht und stürzte in die schwarze Tiefe. Gleichzeitig sprudelte das Wasser aus dem Brunnen und überflutete den Hof, sodass der edle Begleiter das Mädchen nicht retten konnte. Mit schnellen Schritten lief er zum König und den anderen Gästen, um sie zu warnen, während das Wasser in Strömen hinter ihm her floss, und als der junge Mann vor dem König anlangte, stand dieser schon bis zum Hals im Wasser.

In kürzester Zeit wurde die ganze Burg überflutet und auch das Tal, in dem sie lag, und es bildete sich der See, den es heute noch gibt. Waren der König, seine schöne Tochter, der Edelmann und alle Gäste nun ertrunken? Aber nein. Sie feierten weiter und tun dies seit jenem Tag jede Nacht! Dort unten wird gelacht, getanzt und gegessen, so lange, bis es jemand schafft, den Goldeimer nach oben zu bringen.

Man sagt, die Flut sei die Strafe dafür gewesen, dass der König seinen Leuten das besondere Wasser verwehrt habe. Und jeder, der das nicht glaubt, kann ja an das Ufer des Sees gehen und hineinschauen – nach einiger Zeit wird er die Burg und die Häuser in der Tiefe erblicken.

Auch in der Bretagne in Frankreichs Westen spürt man den Einfluss, den die alten keltischen Mythen immer noch haben. Ab dem fünften Jahrhundert v. Chr. siedelten sich Inselkelten in der Region an. Es werden heute noch bretonische Legenden erzählt, die ihren Ursprung in deren Kultur haben. Ein beliebtes Thema sind versunkene Städte. Diverse Komponisten der klassischen Musik, wie etwa Claude Debussy, haben dieses Thema musikalisch verarbeitet.

Das sagenhafte Ys

Wenn ihr Name auch klein war und nur aus zwei Buchstaben bestand, so war Ys selbst eine große und reiche Stadt – die wohlhabendste in der ganzen Region auf der Halbinsel Cornouaille. Die Stadt hatte allerdings einen großen Feind: das Meer, das sich in dieser Gegend zu gewaltigen Wellenbergen auftürmen kann. Das war für Ys besonders gefährlich, da die Stadt tiefer lag als der Meeresspiegel, weshalb man große Deiche und Schleusen hatte bauen müssen.

Nahezu jeder in Ys war reich und konnte sich ein Luxusleben leisten. Und wie so oft, wenn es den Menschen zu gut geht, schlichen sich Hochmut und Dekadenz ein. Der König von Ys, sein Name war Gradlon, konnte die Verschwendungssucht seiner Untertanen nicht eindämmen, auch wenn er es oft versuchte.

Dahut, seine Tochter, war jung, blond und verführerisch. Und auch sie lebte gerne ein Leben in Saus und Braus. Sie hatte einen galanten Liebhaber, der ihr mit Kompli-

menten schmeichelte und ihre Eitelkeit ausnutzte. Denn in Wahrheit war er ein böser Dämon. Dieser bedrängte das Mädchen so lange, bis es seinem Vater den goldenen Schlüssel zu den Toren der Stadt stahl.

Heimlich schlich sich der dämonische Liebhaber mit dem Schlüssel zu den Schleusen und öffnete sie. Die Stadt, die, wie gesagt, tief gelegen war, versank rasch in den Fluten, keiner überlebte. Lediglich König Gradlon entkam dem Hochwasser. Die heilige Gwendolin hatte ihm nämlich ein besonderes Pferd geschickt. Bei der Flucht hatte der König auch Dahut auf den Rücken des Rosses gezogen.

Doch dann hörte er eine Stimme aus einer anderen Sphäre, die ihm befahl: »Wirf die Sünde von dir! Sonst werdet ihr beide ertrinken.« Die Sünde, das war seine Tochter. Denn sie hatte das Unglück heraufbeschworen und so vielen Menschen den Tod gebracht. Dem Vater fiel es sehr schwer, sein einziges Kind den Meereselementen zu übergeben, aber die Flut forderte ihr Opfer. Es heißt heute, dass die Stadt Ys auf dem Meeresboden auf ihre Erlösung wartet. Eine uralte Straße führt noch heute von der Küste direkt ins Meer hinein und soll den Weg nach Ys weisen.

Gradlon wurde nach dem Ereignis sehr fromm. Er nahm sich den heiligen Corentius zum Berater und gründete eine neue Stadt, Quimper. Dabei waren ihm seine ertrunkenen Untertanen allzeit ein mahnendes Beispiel für eine falsche Lebensweise. Dahut aber wurde vom Ozean aufgenommen. Sie verwandelte sich in eine Nixe namens Morgane und wurde unsterblich. Und manchmal, in hellen Vollmondnächten, erscheint Morgane, die einstige Dahut, den Fischern. Dabei kämmt sie ihr langes, blondes Haar. Zu lange sollte man ihr allerdings nicht zuschauen, denn sie soll schon so manchen auf den Meeresgrund gelockt haben.

Liebe als Lebensinhalt

Aus der Bretagne stammt auch eine weitere Legende, die in Literatur, Film und Musik oft thematisiert worden ist: »Tristan und Isolde«. Ähnlichkeiten mit inselkeltischen Erzählungen, denen wir in diesem Buch schon begegnet sind – »Diarmuid und Gráinne« – oder noch begegnen werden – »Erec und Enide« –, sind unverkennbar. Die Liebe steht jeweils im Mittelpunkt des Lebens der jeweiligen Protagonisten. Im Mittelalter, zumindest bis Shakespeare mit »Romeo und Julia« die Bühne betrat, war »Tristan und Isolde« die beliebteste Liebesgeschichte schlechthin. Diese sei hier nun nacherzählt.

Tristan und Isolde

Tristan kämpft in Diensten seine Onkels, König Marke von Cornwall, gegen den irischen König Morold und erschlägt diesen im Zweikampf. Der sterbende König flüstert Tristan noch zu, dass die Wunden, die dieser vom Kampf zurückbehalten hat, nicht heilen würden, denn das Schwert des Königs sei verzaubert gewesen. Es gebe allerdings eine Möglichkeit für Tristan, sich zu retten: Einzig die Schwester des Königs, Isolde, Gemahlin des Königs von Irland, kenne das Gegenmittel. Tristan reist als Spielmann Tantris nach Irland und erwirbt das Vertrauen Isoldes. Sie nimmt ihn daraufhin als Musiklehrer für ihre schöne, blonde Tochter, die ebenfalls Isolde heißt, in ihre Dienste. Und als Tristan die junge Isolde unterrichtet, heilen seine Wunden. Als gesunder Mann kehrt er heim nach Tintagel in Cornwall. Dort hat König Marke immer noch keinen Erben und es wird Zeit für ihn, sich eine Frau zu erwählen.

Tristan preist die Vorzüge der jungen Isolde. Und er wird ausgesandt, um im Namen Markes um ihre Hand anzuhalten. Zu dieser Zeit treibt in Irland gerade ein gefährlicher Drache sein Unwesen – Isolde ist dem versprochen, der ihn zur Strecke bringt. Tristan tötet das Untier und gewinnt damit die Gunst der beiden Isolden. Doch leider hat der giftige Hauch des Drachen den Brautwerber todkrank gemacht. Erneut sind es Königin Isolde und ihre schöne Tochter, die dem Helden zur Heilung verhelfen.

Doch wird Tristan auch als Mörder Morolds enttarnt, denn an seinem Schwert wird eine Scharte entdeckt, in die der Splitter, den man aus der tödlichen Wunde des Königs gezogen hat, genau hineinpasst. Er gibt sich als Brautwerber Markes zu erkennen und die irische Königsfamilie willigt in eine Vermählung Isoldes mit dem König von Cornwall ein, um Frieden zwischen ihrer beider Reiche zu schaffen. Die Königin gibt ihrer Tochter einen Zaubertrank mit auf die Reise nach Cornwall. Den soll sie Marke heimlich verabreichen, dann bleibe er ihr immer treu. Während der Überfahrt kommt es jedoch zu einem schicksalhaften Ereignis. Denn eine Dienerin, die von dem Zauber nichts weiß, gibt Isolde wie auch Tristan von dem Zaubertrank zu trinken. Sie schauen sich in die Augen und schon ist es um sie geschehen. Zwischen ihnen keimt eine ebenso heimliche wie innige Liebe auf, eine verbotene Liebe.

Dennoch übergibt Tristan die Braut an Marke, wie er es als seine Pflicht empfindet. Bald schon ist Hochzeit. Doch Tristan und Isolde können nicht ohne einander sein und beginnen eine heimliche Liaison. Eines Tages werden sie dabei beobachtet, leugnen jedoch alles ab.

Die Liebe Tristans zu Isolde begann mit einem Zaubertrank.
Grafik von Aubrey Beardsley.

Marke, der im Zweifel ist über die Schuld oder Unschuld seines Neffen und seiner Frau, möchte die Götter ein Urteil fällen lassen. Er lässt Isolde auf eine entlegene Insel bringen. Am Strand wartet einsam ein Mönch. Dieser trägt sie vom Boot, stolpert unterwegs mit ihr in den Armen, hält sie jedoch sicher fest. Vor Gericht wird Isolde später gefragt, ob sie ihrem Mann immer treu gewesen sei. Unter Eid schwört sie, niemals in den Armen eines anderen gelegen zu haben, außer in denen des Mönches auf der Insel. Dieser war natürlich kein anderer als Tristan.

Isolde hat also nicht gelogen. Marke nimmt sie in Gnaden wieder auf. Doch das heimliche Liebespaar führt sein Verhältnis fort. Und beim nächsten Mal ist es Marke selbst, der sie in flagranti erwischt. Sie fliehen in den Wald und leben in einer Grotte. Marke findet sie dort schlafend. Isolde ist erschöpft und krank. Tristan bittet Marke um Vergebung und darum, Isolde zu sich zurückzunehmen; er, Tristan, wolle das Land für immer verlassen.

Marke willigt ein und so zieht Tristan nach Camelot, wo er sich dem Kreis um König Artus anschließt. Tristan wird zum Ruhelosen, zum Getriebenen. Eines Tages befreit er im Land Arundel die Königsburg von Belagerern. Die Tochter des Burgherrn heißt auch

Isolde (Isolde Weißhand), Tristan verliebt sich in sie wegen ihres Namens und ehelicht sie. Trotzdem kann er die blonde Isolde nicht vergessen. Nach einem Kampf ist Tristan schwer verletzt und bittet seine Frau, die blonde Isolde zu ihm zu holen, damit er sie noch einmal sehen könne.

Es wird vereinbart, dass diese ein weißes Segel hissen soll, wenn sie an Bord des zurückkehrenden Schiffes sei. Ein schwarzes aber solle gehisst werden, wenn dies nicht der Fall sei. Das Schiff kommt zurück und das Segel ist weiß. Doch Tristans Ehefrau ist eifersüchtig und belügt den entkräfteten Gatten, indem sie ihm sagt: »Es ist ein schwarzes Segel.« Tristan tut nun seinen letzten Atemzug. Wenig später betritt seine geliebte Isolde den Raum, kniet neben dem Toten nieder, küsst ihn auf den Mund und haucht an Ort und Stelle auch ihr Leben aus. Und damit endet die tragische Geschichte des weltberühmten Liebespaares.

Doch nicht alle großen Liebenden der frühen Legenden fanden ein tragisches Ende, wie die Geschichte um Erec und Enide des altfranzösischen Schriftstellers Chrétien de Troyes beweist. Das Original *(Érec et Énide)* ist eine Verserzählung und entstammt der Artusepik. Hier erzählen wir sie nach.

Erec und Enide

Wenn König Artus ein Fest gibt, dann dauert es oft mehrere Tage und Nächte. Eine Tages wird wieder einmal im großen Stil gefeiert und nach durchzechter Nacht freuen sich die Gäste am Morgen auf ein ausgiebiges Frühstück. Doch den König gelüstete es nach einem Abenteuer. Und schon trifft ein junger Bote ein mit einem Gegenstand aus der Anderswelt.

Dort lebt nämlich eine Fee, die große Abneigung gegen alle Frauen in Artus' Umfeld hegt. Bei dem Mitbringsel handelt sich um einen magischen Mantel. Und dieser passt nur derjenigen Frau, die ihrem Partner absolut treu ist. Darin sehen der König und sein männliches Gefolge sogleich ein unterhaltsames Spiel und Artus befiehlt, dass jede Frau den Mantel anzuprobieren habe.

Zur großen Belustigung der Männer besteht erst einmal keine der anwesenden Frauen diese Tugendprobe. Als letzte ist es an einem Mädchen namens Enide, den Mantel überzuziehen. Bis auf wenige Zentimeter am Saum passt er ihr. Nun, Enide ist mit dem Ritter Erec verheiratet und dieser lässt ihr kaum Zeit für andere Spielereien, denn das Paar verbringt einen großen Teil seiner Zeit im Schlafgemach auf der heimischen Burg Garmant.

Über das ausgeprägte Liebesleben der beiden spricht man am Hof schon längst hinter vorgehaltener Hand. Schließlich haben die beiden nur Augen füreinander und vernachlässigen Haus und Hof. Und als Enide von den Tuscheleien erfährt, erzählt sie es Erec.

Um zu beweisen, dass sie auch andere Qualitäten haben als nur erotische, gehen Erec und Enide zusammen auf Abenteuerreise. Und um die Sache noch spannender zu machen, verbietet der Ritter seiner Gattin, während der Tour zu sprechen. Für Frauen ist so etwas bekanntlich schwierig.

Enide bemüht sich redlich, warnt ihn dann jedoch vor herannahenden Räubern. Daraufhin wird sie von ihrem Mann wie eine Untergebene behandelt. Es folgen spannende Abenteuer der beiden: Räuber werden besiegt, ebenso ein verräterischer Graf, man gerät in einen Kampf mit dem König Gifurais. Zwischendurch erholt sich das Paar kurz am arturischen Hof, denn Erec hat sich eine Kampfverletzung zugezogen, die nur dort mithilfe des besonderen Zauberpflasters einer verstorbenen Magierin geheilt werden kann.

Dann geht es weiter. Ein Edelmann muss vor zwei gewalttätigen Riesen gerettet werden und der mächtige Oringles will Enide für sich haben, was Erec zu verhindern weiß, bevor das Paar ein weiteres Mal gegen den König Gifurais zu kämpfen hat. Bei einem der Kämpfe hat sich Erec erneut verletzt. Er fällt bewusstlos vom Pferd und Enide glaubt, er sei tot.

Sie stimmt ein Klagelied an und bietet dem Tod an, sie anstatt ihres Mannes in die Anderswelt zu holen, doch vergebens. Dann bittet sie die Tiere des Waldes, sie zu fressen. Auch dies geschieht nicht. Nun nimmt sie Erecs Schwert und will es sich in die Brust rammen. Da kommt jedoch zufällig ein Edelmann mit seinen Mannen vorbei und hält die Lebensmüde von ihrer Tat hab.

Und da ihr Mann ohnehin schon verstorben ist, hält dieser auch gleich an Ort und Stelle um ihre Hand an. Enide lehnt ab. Sie will lieber allein bleiben, begleitet den Edelmann und seine Gefolgschaft aber zu dessen Burg, wo Erec aufgebahrt wird und trotz Enides Ablehnung die Hochzeit gefeiert werden soll. Enide weint und klagt und verweigert sich. Der Edelmann wirft ihr vor, die Feier zu stören, und prügelt auf sie ein. Sie hofft, er möge sie totschlagen.

Da erwacht Erec auf seiner Totenbahre. Er reißt ein Schwert von der Wand und tötet den Mann, der seine Frau gerade heftig schlägt. Die anderen Gäste halten ihn für einen Geist und flüchten.

Das Paar verlässt die Burg und als Enide Erec erzählt, was vorgefallen ist, begreift dieser, wie treu seine liebende Ehefrau ist. Er bittet sie um Verzeihung für seine Strenge.

Als letzter wartet der Riese Mabonagrim auf den kühnen Recken Erec. Der Riese hat eine Frau, die eine Cousine Enides ist, und hat dieser versprochen, alle fremden Ritter, die in ihren Baumgarten eindringen, sofort zu töten. Mittlerweile leben bei ihm schon 80 Witwen von getöteten Passanten und diese äußern in Voraussicht des zu Erwartenden bereits Mitleid mit Enide. Doch auch von den 80 Köpfen der Besiegten, die auf dem Weg zur Burg auf Pfählen aufgespießt sind, lässt sich Erec nicht von seiner Absicht abbringen, den anstehenden Kampf zu gewinnen.

Für Enide sind der Anblick und die Gefahr, in der sich ihr Mann befindet, zu viel und sie fällt bewusstlos vom Pferd. Erec versucht sie zu trösten, lässt sie aber unterwegs in einem sicheren Versteck zurück und reitet allein weiter.

Es kommt zum Kampf mit Mabonagrim, den Erec gewinnt. Er tötet seinen Gegner nicht, sondern fragt ihn, weshalb er jeden Besucher zum Kampf fordere. Mabonagrim sagt, er habe es seiner Frau versprochen und könne nicht anders handeln. Denn was ein Mann seiner Frau versprochen habe, das müsse er auch halten, komme, was wolle. Man schließt Frieden und Erec und Enide nehmen die 80 Witwen mit an Artus' Hof, wo sie aufgenommen werden.

Nach dem Sieg gegen Mabonagrim, der am Artushof entsprechend gefeiert wird, stirbt Erecs Vater. Der junge Held muss nun als dessen Nachfolger die Herrschaft antreten und kehrt mit Enide in seine Heimat zurück. Es heißt, beide seien vorbildliche Herrscher geworden, ganz ohne Fehl und Tadel.

Im Gegensatz zu den meisten Rittern, deren Hauptziel in der Erlangung und Vermehrung von »Ehre« bestand, zeigt sich Erec als verantwortungsvoller Partner seiner Frau gegenüber und als weiser und nachsichtiger Herr seiner Untergebenen. Damit fällt er völlig aus dem Rahmen. Denn zu der Zeit, als der mittelalterliche Epiker Hartmann von Aue Erecs Geschichte auf Basis des Vorläuferwerks von Chrétien de Troyes schrieb, waren sowohl die Frauen als auch die Untergebenen ihren adeligen Herren völlig ausgeliefert und wurden als Menschen zweiter Klasse behandelt.

Dass Enide der Zaubermantel nicht hundertprozentig passt, darüber schaut Erec großzügig hinweg, sieht man einmal davon ab, dass er ihr während der Reise das Sprechen verbietet (er wird womöglich seine Gründe dafür gehabt haben ...). Für das Paar ist die Abenteuerreise der Weg zu sich selbst, denn es erkennt, dass mehr als nur körperliche Anziehungskraft sie verbindet. Erec erfüllt zunächst eine Erwartungshaltung, denn er muss der Welt beweisen, dass er ein echter Held ist und nicht nur einer, der der Minne verfallen ist. Er muss dies tun, will er ernstgenommen werden. Es gelingt ihm auch sehr gut. Allerdings ist sein Gewinn viel größer, denn er erfasst dabei zugleich den Wert einer echten Partnerschaft und wahren Liebe.

Aus dem altfranzösischen Sagenkreis stammt auch die nachfolgende Geschichte.

Zur Zeit der Kelten waren große Teile der Bretagne mit dichten Wäldern bewachsen. Nicht sehr weit von Rennes hat sich bis heute ein Waldgebiet erhalten, das noch viel Ursprünglichkeit ausstrahlt und mit einigen Namen, die man aus der Artussage kennt, verknüpft ist. Dort soll der mythische Zauberwald Brocéliande verortet sein. Und in diesem wiederum sollen sich die Geschehnisse um den mächtigen Zauberer Merlin, der seine Zauberkräfte wohl seinem Vater verdankte, der aus der Anderswelt stammte, und die von ihm verehrte Fee Viviane ereignet haben.

Der Zauberwald von Brocéliande

All seine magischen Fähigkeiten nützen Merlin nichts, als er sich unsterblich verliebt. Seine Herzensdame ist die Fee Viviane. Diese ist sehr interessiert an den Zaubermethoden des Magiers und Druiden. Und dieser verrät ihr alles über sein Wissen und Können. So gelingt es der Fee, Merlin mit einem Bann zu belegen. Als sein Körper gestorben ist, begräbt sie ihn unter einer Steinsetzung. Seine unvergängliche Seele harrt seit dieser Zeit innerhalb eines neunfachen magischen Kreises aus, so erzählt man sich, und wartet auf den Zeitpunkt der Wiederkehr.

Im Wald von Brocéliande, wo sich die Geschehnisse um Merlin und Viviane zugetragen haben sollen, sind viele Orte mit dem mysteriösen Paar verbunden. Da ist zum Beispiel die Quelle von Barenton, wo sich die beiden erstmals begegnet sein sollen. Merlins megalithisches, vermoostes Hügelgrab ist nicht sehr groß. Daneben entspringt eine Quelle, die als Jungbrunnen gilt. Manche Besucher legen Blumen am Grab ab, andere hinterlassen handgeschriebene Wunschzettel, weil sie sich von dem großen Magier Hilfe erwarten.

Viviane. Grafik von Howard Pyle.

Vor dem Schloss von Comper liegt ein kleiner See, von dem es heißt, er sei sehr tief. Denn auf seinem Grund befinde sich der Kristallpalast, den Merlin seiner Geliebten einst mithilfe seiner magischen Kräfte erbaut habe. Viviane, so erzählt man sich auch, lebe noch immer dort. Der Palast ist ein weiteres Beispiel für die keltische Vorstellung von der Anderswelt, in der es kein Oben und Unten im herkömmlichen Sinn gibt und die physikalischen irdischen Gesetze nicht gelten. Acht lange Jahre hat Viviane in diesem Palast einen jungen Ritter ausgebildet, Lancelot, einen der großen Helden an König Artus' Tafelrunde.

Von den Rittern dieser Tafelrunde heißt es, einige von ihnen seien auf Gralssuche gegangen. Was ist damit gemeint? Und was ist überhaupt der Gral? Dieses Thema ist umfangreich und daher haben wir es uns zusammen mit der Artusthematik für den Schluss dieses Buches verwahrt. Der Zeitpunkt ist nun gekommen, uns mit der Artusthematik, die ja schon mehrfach anklang, ausführlicher zu befassen.

Teil 6

König Artus und der Gralsmythos

König Artus. Grafik von Howard Pyle.

Der Mythos vom Heiligen Gral und die Suche nach ihm ist untrennbar mit dem arturischen Sagenkreis verbunden. Daher wollen wir nun zunächst darlegen, was es mit diesem Mythos auf sich hat, und dann Artus und seine Mannen ein Stück des Weges auf ihrer Suche nach dem heiligen Gefäß und anderen Abenteuern begleiten.

Das Heilige Gefäß

Der Mythos vom Heiligen Gral ist ein literarischer Dauerbrenner. Seit dem frühen Mittelalter haben sich zahlreiche Autoren mit dem Thema beschäftigt. Und viele tun dies noch heute. Die Angelegenheit ist komplex und hin und wieder auch recht verwirrend, denn die Schauplätze der Handlungen wechseln zwischen Wales, Britannien, der Bretagne, Südfrankreich, Spanien, Italien und Deutschland. Es ist wie mit der Suche nach Atlantis. Eine Spur führt hierhin, eine andere dorthin.

Fangen wir einmal ganz von vorne an: Als Jesus und seine Jünger sich zum berühmten letzten Abendmahl trafen, saßen sie gemeinsam an einem großen Tisch, aßen und tranken dabei Wein und Wasser. Manch einem der Anwesenden wird bewusst gewesen sein, dass es sich um einen besonderen Moment handelte. Utensilien, die während des Treffens benutzt wurden, dürften aufbewahrt worden sein.

Jesus und seine Anhänger hatten reiche Mäzene, so viel weiß man heute, und ihr Ess- und Trinkgeschirr kann durchaus relativ wertvoll gewesen sein. Als Jesus später am Kreuz litt, habe einer seiner engen Unterstützer, Josef von Arimathäa, etwas vom Blut des Gekreuzigten, das aus der Wunde tropfte, die ihm der Römer Longinus mit einer Lanze zugefügt hatte, aufgefangen. Dafür habe er einen Kelch vom letzten Abendmahl benutzt. So wird erzählt. Was mit dem Blut geschehen ist, ist nicht überliefert. Allerdings gibt es auf der Welt zahlreiche Blutreliquien, von denen behauptet wird, sie entstammten dieser Szene.

So besitzt man beispielsweise in der Stadt Fécamp in der Normandie in der dortigen Kirche eine Heilig-Blut-Reliquie. Sie soll im Stamm eines Feigenbaumes vom Meer angeschwemmt worden sei. Die Gläubigen sind der Meinung, dass es sich dabei um Jesu Blut handele, das Nikodemus, ein Begleiter Josefs von Arimathäa, mit nach Britannien gebracht habe.

Der Engel des Heiligen Grals.
Studie von Dante Gabriel Rossetti.

Der Fokus liegt in unserem Zusammenhang jedoch auf dem Gefäß, beziehungsweise auf den Gefäßen, denn während des Essens hatten noch andere Trinkbehältnisse auf dem Tisch gestanden, beispielsweise für Wasser.

Bis hierhin ist die Geschichte noch eine lokal verortete, sie spielt sich in Jerusalem ab. Nun war jener Josef von Arimathäa (vermutlich handelt es sich um einen Onkel von Jesus, manche sagen auch, er sei sein Schwiegervater gewesen) laut Überlieferung ein reicher Zinnhändler. Und hier wird unsere Geschichte nun keltisch.

Der Legende zufolge unterhielt Josef enge Verbindungen zu den Kelten in Britannien, mit denen er regen Handel trieb. In Cornwall wurde zu jener Zeit der Rohstoff abgebaut und es bestanden nachweislich Handelsbeziehungen bis nach Palästina. Nach der Kreuzigung wurde es für einige Menschen aus dem direkten Umfeld Jesu gefährlich, sie waren nicht mehr sicher vor den Römern. Maria Magdalena beispielsweise, die Frau die ihm am nächsten stand, musste nach Südfrankreich fliehen. Jesu Mutter ging nach Ephesus in die Türkei.

Der Gral bei den britannischen Druiden

Josefs Ziel war das ihm vertraute Cornwall. Und er nahm bei seiner Auswanderung das Gefäß, das ihn materiell mit dem Gekreuzigten verband, mit. So kam der Gral nach Britannien. Josef knüpfte Kontakte zu einflussreichen Druiden und wurde eingeladen, sich in der Region des heutigen Glastonbury niederzulassen. Dort gründete er eine religiöse Gemeinschaft. Er verband die Lehren Jesu mit denen der örtlichen Druiden, was offensichtlich gut gelang. So entstand eine keltisch-jüdisch-christliche Gemeinde, deren Spuren wir heute noch in der Stadt Glastonbury und deren Umgebung finden können. Der Gral wurde dort zum zentralen Kultobjekt. Er passte gut zur keltischen Mythologie mit ihrer Kesselvorliebe.

Geheimnisvolles Glastonbury

Nach Josefs Tod wurde die Gemeinde von Druiden weitergeführt. Die Symbiose aus Judentum, frühen christlichen Entwicklungen und keltischer Tradition blieb erhalten und prägte für die nächsten Jahrhunderte das religiöse Geschehen im Ort.

Irgendwann in den Folgejahrhunderten scheint der Gral der Gemeinde jedoch abhandengekommen zu sein. Manche meinen, er befinde sich immer noch in Glastonbury in einem unterirdischen Versteck. Andere wollen wissen, dass er auf Reisen gegangen ist. Seine Spuren fanden sich in der Bretagne, im Südwesten Frankreichs, auf Mallorca, in Italien und auch in Österreich.

Inzwischen gehen viele Gralsforscher davon aus, dass es einen großen Gral und verschiedene kleinere Grale gibt. Bei den kleinen handelt es sich um die schon erwähnten Trinkgefäße, die neben dem »Hauptgral«, mit dem das Blut aufgefangen worden ist, beim Abendmahl benutzt wurden, und möglicherweise noch um Salbengefäße wie etwa kleine Tiegel, die Maria Magdalena besaß.

Der Hauptgral scheint möglicherweise tatsächlich der legendäre Santo Cáliz de la Cena del Señor zu sein, der in der Kathedrale von Valencia zu sehen ist. Obwohl die katholische Kirche das Gefäß nie offiziell als Reliquie anerkannt hat, gilt es trotzdem als solche. Vor Jahren ging ein Bild um die Welt, das den polnischen Papst Johannes Paul II. zeigt, wie er den vorgeblichen Gral küsst. Auch sein Nachfolger Benedikt XVI. besuchte Valencia im Jahr 2006, um mit dem Santo Cáliz eine Messe zu feiern.

In Rom haben die ersten 25 Päpste diesen Achatkelch, der heute etwas mehr als 2000 Jahre alt sein soll, als Gefäß für ihr Abendmahlsritual benutzt. Für die römische Christenheit steht deshalb mehr oder weniger fest, dass man es hier mit dem Heiligen Gral als greifbarem Objekt zu tun hat. Demnach gäbe es kein Rätsel oder Gralsmysterium – der Gral stünde schlicht und einfach in einer Seitenkapelle der Kathedrale und könnte dort von jedermann besichtigt werden.

Im Jahr 258 sei er vom heiligen Laurentius aus Rom mitgenommen worden und nach abenteuerlicher Reise in Valencia gelandet. Manche glauben, er sei zwischenzeitlich im französischen Languedoc versteckt gewesen und habe dort zum legendären Schatz der von der Kirche verfolgten Katharer gehört.

Es finden sich noch weitere Gefäße quer über Europa verteilt, von denen geglaubt wird, dass es sich um den einen Gral handele. Wie gesagt, es gab wohl mehrere Grale und die Legenden vermischten sich im Laufe der Jahrhunderte.

Der Nanteos Cup

In Wales hält sich bis heute die Legende, dass sich der Heilige Gral lange Zeit im Besitz einer Adelsfamilie nahe der Stadt Aberystwyth befunden habe. Dort gab es auch tatsächlich ein besonders Gefäß, das von der Familie Powell in ihrem Anwesen, Nanteos House, gehütet wurde. Im 19. Jahrhundert empfing die Hausherrin Margaret Powell Menschen mit gesundheitlichen Problemen und ließ sie Wasser aus dem Nanteos Cup trinken. Man glaubte, dass dies auf die Kranken eine heilende Wirkung habe.

Leider gab es immer wieder Heilungssuchende, die Stücke aus dem vermeintlichen Gral herausbissen und ihn dadurch ständig verkleinerten, sodass die Besitzer ihn schließlich unter Verschluss nahmen. In den 1960er-Jahren war in einer Veröffentlichung über das Haus und seine Familien zu lesen, dass Richard Wagner im 19. Jahrhundert dort zu Besuch gewesen sei und ihn die Legende um den Nanteos Cup in Wales zu seiner Oper *Parsifal* inspiriert habe. Doch kommen wir zur Legende zurück.

Maria Magdalena war in Südfrankreich mit den Frauen, die sie begleiteten, sesshaft geworden. Ähnlich wie Josef von Arimathäa suchte sie den Kontakt zu den religiösen keltischen Führern in der Region und gab dort Impulse, die die spirituelle Entwicklung beeinflussten. Mehrere Orte werden auch heute noch mit ihr in Verbindung gebracht, sie und einige ihrer Mitreisenden werden dort kultisch verehrt. Die Legenden um sie leben bis heute fort. Und es gab immer wieder auch Männer seitens der offiziellen Kirche, die diesen Wahrheitsgehalt zusprachen.

So schrieb der Erzbischof von Mainz, Hrabanus Maurus (776–856), in seinem Epos *Das Leben der Maria Magdalena:* »Sie reisten weiter über das Meer zwischen Europa und Afrika und ließen die Stadt Rom und das ganze Land Italien zu ihrer Rechten. Dann änderten sie den Kurs glücklich nach rechts und kamen in die Stadt Marseille in der gallischen Provinz Vienne, wo der Fluss Rhone an die Küste trifft.«

Dort ist immer noch eine Legende lebendig, die besagt, dass Maria Magdalena mit anderen Flüchtlingen auf einem »Boot ohne Steuermann« auf dem Mittelmeer getrieben habe und im heutigen Saintes-Maries-de-la-Mer an Land gegangen sei. Alljährlich feiern dort Sinti und Roma ein großes Fest zu Ehren von Sara-la-Kali, der Schutzheiligen, die sie verehren: einer schwarzen Madonna. Und für eine große Zahl dortiger Christen ist sie die Missionarin Galliens.

Man erzählt sich mancherorts Legenden von schwarzen Madonnenstatuen, die in besatzungslosen Booten an die Küste getrieben worden seien. Mit den schwarzen Marien und ihren Kindern auf den Armen hat sich die katholische Kirche oft schwergetan. Aber sie sind nun einmal in Hunderten von Kirchen und Klöstern anzutreffen. Manche sind ganz schwarz, einige haben nur dunkle Gesichter.

Die schwarze Madonna steht als »Sara die Dienerin« für Sara-la-Kali, die Schutzpatronin der Sinti und Roma. Der Legende nach stammte sie aus dem Umfeld der »drei Marien« (Maria Magdalena, Maria Salome und Maria des Kleophas). In manchen Erzählungen war sie eine Ägypterin und Bedienstete der drei vornehmen Frauen. Anderen Berichten zufolge war sie eine Gallierin, die bei der Rettung der Schiffbrüchigen half, sich ihnen anschloss, sich später zu den Lehren des jungen Christentums bekannte und selbst die Kelten in ihrer Umgebung missionierte.

Eine der Hauptaufgaben Saras soll die Aufrechterhaltung des Lebensunterhalts der kleinen Gruppe gewesen sein, wofür Sara Almosen aus der Nachbarschaft besorgte. Erzbischof Caesarius von Arles, der aus einer gallischen Familie stammte, ließ im sechsten Jahrhundert ein Frauenkloster an der Stelle errichten, an der die Gallier mehrere Jahrhunderte lang die drei Marien und ihre Dienerin Sara in einem Heiligtum verehrt hatten. Seit dem zehnten Jahrhundert steht dort eine Kapelle mit den Reliquien der vier Frauen.

In der Krypta sind die vorgeblichen Gebeine von Sara beigesetzt. In Saintes-Maries-de-la-Mer werden am 24. und 25. Mai jeden Jahres bunt gekleidete Statuen der vier Frauen in einer feierlichen Prozession ans Meeresufer getragen. Die Wallfahrt der Sinti und Roma (in Frankreich als *gitans* bezeichnet) ist inzwischen eine Touristenattraktion mit dem Charakter eines großen Volksfestes. Manche Historiker sind der Meinung, dass ein keltischer Kult schon vor der eventuellen Ankunft der Frauen an der Küste bestanden habe und im Zusammenhang mit der christlichen Missionierung der Camarque entsprechend umgedeutet worden sei.

Bereits im ganz frühen Mittelalter, noch bevor die Sinti und Roma in Europa ankamen, machten sich Wallfahrer nach Südfrankreich auf den Weg, um der »schwarzen Königin« zu huldigen. Zu Zeiten der Karolinger war die Maria vom Meer ein häufig verwendetes Pilgerabzeichen. Es verbreitete sich bis hinauf ins keltische

Schottland, wo beispielsweise in Leith, dem Seehafen von Edinburgh, ein Siegel verwendet wurde, das Maria Magdalena auf Seereise zum Motiv hatte.

Der französische Süden war auch die Region, in welcher der Begriff »Heiliger Gral« (frz. *Saint Graal*) neu gedeutet wurde. Dort verstand man darunter nämlich kein Gefäß, sondern Maria selbst. Das ähnlich lautende *Sang Real* war nun das Zauberwort: königliches – heiliges – Blut. Denn, so wurde gesagt, Maria Magdalena war bei ihrer Ankunft schwanger und hatte zwei weitere Kinder bei sich, alle drei leibliche Nachkommen Jesu. Und ihre Kinder gaben das heilige Blut in ihren eigenen Familien an ihre Nachfahren weiter. Bis heute.

Könige von göttlicher Abstammung

Es handelt sich also um einen Stammbaum des Blutes der Heiligen Familie. Der Umstand, dass einige der Nachfahren später in königliche Familien einheirateten (zum Beispiel in die Dynastie der Merowinger), führte dazu, dass sich manche spätere fränkische Könige und Adelige für etwas Besonderes hielten und sozusagen aus einer »göttlichen Abstammung« Machtansprüche ableiteten. Als dann die Kirche die Version von der ewigen Jungfräulichkeit der Mutter Maria einführte und Jesus als keusch lebend und unverheiratet erklärte, wurde diese besondere Herkunft »unter den Teppich gekehrt« und nur noch verschlüsselt dargestellt, beispielsweise in Kunstwerken.

Der Gralsmythos blieb über die Jahrhunderte ein Thema. Im keltischen und bretonischen Raum wurde er mit den Sagen um König Artus und dem zaubernden Druiden Merlin verknüpft, die wir nun näher betrachten wollen.

König Artus und der arturische Sagenkreis

Auch wenn die meisten von ihnen im Hochmittelalter an verschiedenen europäischen Orten aufgeschrieben wurden, sind die Artussagen in ihrem Kern doch keltische Geschichten. Die Anderswelt spielt darin stets eine Rolle. Ebenso Zauberei, Magie und ab und zu auch ein Gral. Sie trugen maßgeblich zum Entstehen unseres heutigen allgemeinen Keltenbildes bei.

Artus – eine Schlüsselfigur der (mythologischen) Geschichte Britanniens

In vielen literarischen Werken des Mittelalters begegnen wir dem sagenhaften König. Während der Übergangszeit von der Antike ins Mittelalter (um das Jahr 500 n. Chr.) – so berichten britische Chroniken ab dem neunten Jahrhundert – soll Artus britannische Heere bei der Verteidigung des Landes gegen eindringende Angeln, Jüten und Sachsen angeführt haben. Er ist eine der wichtigsten Figuren der Mythologie Britanniens. Während er namentlich in früheren Chroniken nicht auftaucht, wird er erstmals in der *Historia Brittonum* (*Geschichte der Briten,* neuntes Jahrhundert) schriftlich erwähnt. Diese ist vermutlich um das Jahr 840 von dem walisischen Mönch Nennius geschrieben worden. Der Autor bezeichnet Artus darin als einen Heerführer, der in zwölf Schlachten gekämpft habe.

Rund 110 Jahre später wird dieser in den *Annales Cambriae* als Sieger der Schlacht von Badon genannt. William of Malmesbury berichtet in der ersten Hälfte des 12. Jahrhunderts in seiner *Gesta Regum Anglorum* davon, dass Artus einen anderen Kriegsherrn, Ambrosius Aurelianus, im Kampf gegen die Angeln unterstützt habe.

Die älteste Überlieferung

Als älteste überlieferte Artusgeschichte gilt die *Historia Regum Britanniae (Geschichte der Könige Britanniens),* um 1135 von Geoffrey of Monmouth verfasst.

Am Hof von König Artus

Es ist Pfingsten. Am Hof des Königs in Camelot treffen sich die edelsten Ritter des Landes zum großen Turnierwettstreit. Die Banner der Teilnehmer wehen bunt im Wind. Es haben sich Ritter mit klangvollen Namen angekündigt: Parzival, Lanzelot und viele andere, deren Namen uns später noch mehrfach begegnen werden.

Das Turnier ist das letzte der Gemeinschaft der Recken. Es bedeutet auch gleichzeitig das Ende der Tafelrunde und des sagenumwobenen Königreichs von Artus, dem wohl legendärsten Herrscher Britanniens. Nach dem Turnier begeben sich die Ritter in den großen Festsaal von Camelot und nehmen an der Tafelrunde Platz, jenem Tisch, den König Leodegrance einst seinem Schwiegersohn Artus zur Vermählung geschenkt hat. Der Tisch hat eine enorme Größe: 150 Ritter können dort nebeneinandersitzen.

»Mit einem Male hörten sie ein Krachen und Donnern, dass sie meinten, die ganze Halle müsse einstürzen. Inmitten dieses Getöses brach ein Sonnenstrahl herein, siebenmal heller als der Tag, und alle wurden von der Gnade des Heiligen Geistes erleuchtet. Da schauten die Ritter einander an und jeder kam dem anderen schöner vor, als er ihn jemals zuvor gesehen hatte. Lange Zeit brachte keiner ein Wort heraus und so schauten sie einander nur an, als wären sie stumm.

Dann erschien der Heilige Gral in der Halle, mit reichem, golddurchwirktem Damast bedeckt, aber niemand konnte sehen oder erkennen, wer ihn trug. Die Halle füllte sich mit süßen Düften, und jeder Ritter erhielt die Speisen und Getränke, die er am meisten auf dieser Welt liebte. Nachdem der Heilige Gral durch die Halle getragen worden war, verschwand er plötzlich und keiner wusste, wohin er getragen worden war. Da fanden sie alle ihre Sprache wieder.«

So beschreibt Sir Thomas Malory im 15. Jahrhundert in seinem Roman *Le Morte d'Arthur (Arthurs Tod)* das Erscheinen des Grals in der Artussage. Er fasste mit seinem Roman die bisher erschienenen Versionen des Artusstoffes sowie die ihm bekannten mündlichen Überlieferungen zusammen und schuf damit quasi den Inbegriff der Artusgeschichte.

Gehen wir nun noch ein paar Jahrhunderte zurück und machen uns auf die Suche nach dem historischen Artus und seiner Beziehung zum Heiligen Gral.

Wer war der legendäre britannische Fürst? Um es gleich vorwegzunehmen: Es hat ihn nie gegeben, jedenfalls nicht in der Gestalt, die uns überliefert worden ist. Begeben wir uns also auf eine Zeitreise in das Britannien an der Schwelle zwischen Antike und Mittelalter.

Der historische Kontext der Artuslegenden

Zu Beginn des fünften Jahrhunderts hatten die Römer das seit dem Jahr 43 n. Chr. besetzte keltische Britannien aufgegeben. Die einstige Weltmacht stand vor dem Zerfall. Innere Streitigkeiten, unfähige und/oder zu junge Herrscher und wirtschaftliche Probleme waren die Hauptursachen dafür. Die Truppen, die die Grenzen des Imperiums gesichert hatten bis hin zum Hadrianswall, jener 113 Kilometer langen Befestigungsanlage zwischen der römischen Festung Pons Aelii (beim heutigen Newcastle) und dem Meeresarm Solway Firth an der Irischen See weit im Norden der Insel, wurden abgezogen.

Nur wenige Römer blieben und versuchten vergeblich, das Land vor den Angriffen der eindringenden Pikten, Sachsen und Scoten zu schützen. Ein Hilfeersuchen an Rom wurde ausgeschlagen und so blieb Britannien sich selbst überlassen.

Das nach dem Abzug der römischen Befehlshaber entstandene Machtvakuum wurde von rivalisierenden Fürsten ausgefüllt, die sich sowohl den Feinden von außen als auch den Fehden untereinander stellen mussten. Die germanischen Stämme der Angeln und Sachsen, Jüten aus Dänemark und Friesen aus dem Gebiet der heutigen Niederlande drangen in kleinen Gruppen vom Kontinent her ins Land ein.

Viele dieser Krieger waren höchstwahrscheinlich noch von den römischen Besatzern als Söldner für den Kampf gegen die Pikten aus dem Norden der Insel und die Skoten aus Irland angeworben worden. Es waren unruhige, kriegerische Zeiten und die schriftlichen Quellen darüber sind dürftig. Nur wenig ist überliefert, die literarischen Hinterlassenschaften sind rar und die spärlichen Aufzeichnungen, die dieses dunkle Zeitalter überdauert haben, stammen aus dem frühen sechsten Jahrhundert.

Das Christentum hatte sich noch zu Zeiten der römischen Besatzung verbreitet, zumindest oberflächlich. Flavius Theodosius, genannt Theodosius der Große, Kaiser von Ostrom und im Jahr 394 für einige Monate sogar Kaiser des gesamten, bereits schon im Zerfall befindlichen Römischen Reiches, hatte Gesetze gegen das Heidentum, Irrlehren und andere Weltanschauungen erlassen und damit das Christentum faktisch zur Staatsreligion erklärt.

Religion und Kultur der Kelten blieben in Britannien jedoch weiterhin lebendig und existierten neben dem neuen Glauben. Dessen Protagonisten verhielten sich der alten Religion gegenüber tolerant, Rom war fern und so integrierten sie gar keltische Elemente in den christlichen Kontext. Alte heidnische Jahresfeste wurden weiterhin gefeiert, wenn auch nun vermischt mit christlichen Elementen. Die Einwanderer vom Festland brachten ihre eigenen Religionen mit, in deren Pantheon sich viele Götter tummelten, vom Donnergott Thor bis zum Göttervater Odin.

Erst gegen Ende des sechsten Jahrhunderts kam es zu einer erneuten Missionierung Englands. Papst Gregor I. entsandte im Jahr 596 den Prior des Andreasklosters auf dem Monte Celio, den Benediktinermönch Augustinus, gemeinsam mit 40 weiteren Ordensbrüdern nach Britannien. Der erste Versuch der Bekehrung scheiterte, denn Augustinus machte kurz vor Überquerung des Kanals wieder kehrt – die Gerüchte von den wilden, barbarischen Britanniern erschienen ihm wohl doch zu bedrohlich; doch Papst Gregor beharrte auf Erfüllung seines Auftrages.

Und so zog Augustinus erneut gen Nordwesten. Schließlich erreichte er England über die Insel Thanet im Südosten (heute Teil des britischen Festlandes) und fand eine Gesellschaft vor, die keineswegs so wild und unkultiviert war, wie er es befürchtet hatte.

Der Missionar wurde wohlwollend am Hofe des inzwischen angelsächsischen Königs Æthelberht von Kent aufgenommen, dessen Frau Bertha bereits Christin war und zudem die Tochter des Merowingerkönigs Charibert I.

Æthelberht war den Missionaren freundlich gesinnt und gab ihnen als Residenz die kleine Stadt Cantwarabyrig, wo Augustinus eine Kirche bauen ließ, aus der nach und nach eine prächtige Kathedrale wurde. Canterbury, wie der Ort heute heißt, ist seitdem Hauptsitz des geistlichen Oberhauptes der englischen Kirche und Augustinus wurde ihr erster Erzbischof.

Um es kurz zu machen: Æthelberht ließ sich bereits ein Jahr später taufen und damit begann die rasche Christianisierung der Angelsachsen. Viele Herzöge und Herrscherfamilien samt ihren Untertanen taten es ihrem König gleich und schon zu Beginn des neunten Jahrhunderts war nahezu das gesamte Land Teil der damaligen christlichen Welt, wenn auch der Volksglaube und heidnische Riten im Volk weiterexistierten.

Mit den Mönchen kam, wie wir wissen, auch die Geschichtsschreibung. Und so erfahren wir von den Geschehnissen der zurückliegenden Jahrhunderte aus Schriften, wie der bereits erwähnten *Historia Brittonum* vom Beginn des neunten Jahrhunderts, mehr über die Zeit nach dem Abzug der Römer. Ihr Verfasser Nennius berichtet vom keltischen Kriegsherrn Vortigern, der die Angelsachsen als Söldner auf die Insel holte, welche sich später allerdings gegen ihn selbst erhoben. Und er erzählt auch von Ambrosius Aurelianus, jenem römisch-britischen Anführer, der sich in den Schlachten gegen die Sachsen einen Namen gemacht hatte. Beide – Vortigern und Ambrosius – waren jedoch keine Könige, sondern lediglich Feldherren.

Und dennoch begegnen wir hier zum ersten Mal Artus, denn mit ihm wollen einige Forscher den historischen Ambrosius, der sich als Heerführer siegreich im Kampf gegen die eindringenden Sachsen auszeichnete, indentifiziert sehen. Ruhmreich an der Seite des britischen Königs kämpfend soll er insgesamt zwölf Schlachten geschlagen haben. Wohlgemerkt, an der Seite des Königs, nicht selbst als ein solcher.

In einer weiteren mittelalterlichen Chronik, den *Annales Cambriae (Annalen von Wales),* die über einen Zeitraum von rund 500 Jahren geführt wurde und bis ins späte 13. Jahrhundert hineinreicht, wird ebenfalls von einem Heerführer namens Arthur (angelsächsisch für Artus) berichtet, der sich in der großen Schlacht von Mons

Badonicus ruhmreich geschlagen hat. Ort des Geschehens war vermutlich das heutige Bath, aber das ist nicht wirklich bewiesen.

Dort lesen wir auch von einer weiteren Schlacht, nämlich der von Camlann im Jahr 537, möglicherweise dem heutigen Somerset am Flüsschen Cam. Ganz in der Nähe liegt die Burg Cadbury, eine Befestigung, die von vielen Historikern mit dem legendären Camelot in Verbindung gebracht wird. In dieser Schlacht fand Artus sein Ende, ebenso wie Mordred, sein Neffe und Gegner, der in der Literatur der folgenden Jahrhunderte in vielerlei Gestalt auftritt und schließlich zum Verräter an der Tafelrunde geworden sein soll.

Im Jahr 1066 überquerten unter der Führung des Herzogs Guillaume (William) 300 Schiffe mit rund 7 000 Mann Besatzung von der Normandie aus den Ärmelkanal und drangen bis nach London vor. In der großen Schlacht von Hastings besiegten die Normannen, also die Wikingernachfahren, die Angelsachsen und rissen die Macht an sich. Noch im selben Jahr, zu Weihnachten, wurde William the Conqueror zum König von England gekrönt.

In der Folgezeit änderten sich Kultur und Sprache im Land nachhaltig. Aus dem Angelsächsischen entwickelte sich das Anglonormannische und wurde für mehr als 300 Jahre die Landessprache.

Dies also ist die Zeit, in der Geoffrey of Monmouth sein Werk, die *Historia Regum Britanniae (die Geschichte der Könige Britanniens),* schrieb. Damit es nicht zu einem Problem mit der normannischen Obrigkeit kam, ließ er die Geschichte der Britannier vor der Eroberung enden. Doch was wollte Geoffrey mit den Schöpfungen seiner blühenden Fantasie erreichen? Es ging ihm wohl darum, den Britanniern auf der Insel eine Geschichte zu geben – und dies ist ihm auch gelungen.

Betrachten wir also die *Historia Regum Britanniae* näher. Hier lesen wir die erste ausführliche Biografie von König Artus. Auch begegnen wir nun Merlin, dem Barden, Zauberer, Druiden, Schamanen, Berater und Propheten. Bei Geoffrey of Monmouth taucht er schon als Berater des Königs Aurelius Ambrosius auf, Artus' Onkel.

Der Zauberer Merlin

Merlin ist der Sohn eines Geistwesens und einer Nonne von edler Abstammung. Geoffrey misst dieser Figur so viel Bedeutung bei, dass er noch zwei weitere kleinere Bücher über ihn verfasst: die *Prophetiae Merlini (Prophezeiungen des Merlin)* und die *Vita Merlini (Leben des Merlin).*

In der *Historia Brittonum* erscheint Aurelius Ambrosius, den Geoffrey of Monmouth in seiner Nacherzählung dann mit Merlin identifiziert, als vaterloser Knabe, dem zunächst Ungutes bevorsteht: Die Zauberer und Berater König Vortigerns hatten Letzterem geweissagt, er müsse ein Kind opfern, das keinen Vater hat, damit die Burg, die er erbauen lassen wollte, deren Bau aber immer wieder misslang, endlich errichtet werden könne. Schauen wir uns diese Geschichte an.

Merlin und die zwei Drachen

Ambrosius/Merlin zeigt seine seherische Begabung, indem er darauf hinweist, dass der Grund für das Misslingen des Baus der Burg ein unterirdischer Teich und zwei schlafende Drachen seien. Man glaubt ihm und findet die Drachen, einen weißen und einen roten, die alsbald in einen heftigen Kampf geraten.

Als aber der König dies sieht, fragt er Merlin nach der Bedeutung dieser Geschehnisse und dieser erklärt, sie symbolisierten die Zukunft des Landes: mit dem weißen Drachen sei die hereinbrechende Gefahr seitens der Sachsen gemeint, die das Land, verkörpert durch den roten Drachen, angreifen würden. Noch heute ist das Symbol der walisischen Flagge ein roter Drache.

Aber auch eine gute Nachricht hat Merlin für den König: »Denn der Eber von Cornwall wird sie unterstützen und ihre Nacken unter seinen Füßen zertreten. Die Inseln des Ozeans werden seiner Macht unterworfen sein und er wird die Wälder von Gallien besitzen. Das Haus des Romulus wird seinen Mut fürchten und sein Ende wird ungewiss sein. Er wird mit den Aussagen der Menschen gefeiert werden. Und seine Großtaten werden Speisen für die sein, die mit ihm verbündet sind.« Der Eber steht in diesem Fall für Artus.

Der König, Uther Pendragon, hat sich in Ygerne, die Frau des Herzogs von Cornwall, verliebt. Merlin, der mächtige Zauberer, verleiht seinem König das Äußere des Herzogs, dieser erschleicht sich daraufhin eine Liebesnacht mit der Herzogin und zeugt mit ihr den gemeinsamen Sohn Artus. Bald darauf fällt der gehörnte Herzog im Kampf gegen seinen Nebenbuhler. Die unwissende Herzogin wird von Uther getröstet und heiratet diesen bald darauf. Artus wird von Merlin erzogen.

Dass Artus der rechtmäßige König Britanniens ist, beweist er den anderen Fürsten, indem er auf der Feeninsel Avalon das sagenhafte Schwert Excalibur aus einem Felsblock befreit und damit eine Prophezeiung erfüllt, denn auf der Klinge des Schwertes steht geschrieben: »Wer dieses Schwert aus dem Stein zieht, ist der rechtmäßige König.«

Merlin nimmt das Kind Artus in seine Obhut. Grafik von Aubrey Beardsley.

Hier gehen die Versionen allerdings auseinander, denn in anderen Büchern wird das sagenhafte Schwert auch als ein Geschenk von Viviane, der Dame vom See, bezeichnet: Es soll Artus von einem sich aus dem Wasser reckenden Arm überreicht worden sein.

Das magische Schwert

Was aber hat es nun genau mit Excalibur auf sich? Durch seinen Besitz erlangt Artus die Königswürde. Manche Historiker vermuten heute, dass die Sage um das Schwert mit sarmatischen Lanzenreitern, die in Diensten der Römer standen, nach Britannien und Gallien gelangte. Die Sarmaten waren ein Reitervolk, das im heutigen Iran seinen Ursprung hatte. Sarmatische Legenden weisen viele Parallelen zum Kreis der Artussagen auf, zum Beispiel befindet sich darunter die Sage von einem im Erdboden steckenden magischen Schwert.

Viviane, die Dame vom See, berichtet Artus von der Existenz des sagenhaften Schwertes Excalibur. Grafik von Aubrey Beardsley.

Viele Sarmaten wurden von den Römern in *Bremetannacum Veteranorum* angesiedelt, dem heutigen Ribchester in Lancashire. In römischer Zeit waren rund 5 500 sarmatische Lanzenreiter in Britannien stationiert. Um das Jahr 180 n. Chr. kommandierte sie offenbar ein römischer Soldat namens Lucius Artorius Castus. Auch er gilt als eines der ältesten möglichen historischen Vorbilder für König Artus. Artorius wurde nach Dalmatien versetzt und dort fand man auch seinen Grabstein. Vielleicht haben die Sarmaten sein Andenken bewahrt und sein Name wurde auf einen späteren Helden übertragen.

Einen weiteren Hinweis auf das Schwert gibt uns eine jütische Sage, der zufolge ein sächsischer Krieger ein Wunderschwert, das ihm der legendäre Schmied Wieland aus »Sterneneisen« geschaffen habe, an einen britischen König verloren haben soll. Keltische wie auch germanische Schmiede glaubten, dass ein Schwert, das man aus Meteoreisen geschmiedet hat, den Kämpfer unbesiegbar mache, da es aus Metall besteht, das vom Himmel gefallen ist.

Das Grab bei den Riesen

Die folgenden Jahre, so erzählt Geoffrey weiter, sind geprägt vom unermüdlichen Kampf gegen die immer wieder vordringenden Sachsen. König Uther Pendragon kann sie jedoch stets erfolgreich zurückschlagen, bis sich Spione bei ihm einschleichen und einen Brunnen vergiften. Der König und viele seiner Getreuen erkranken und sterben. In einer großen Zeremonie wird Uther neben seinem Bruder Ambrosius innerhalb eines Steinkreises, dem »Tanz der Riesen«, bestattet. Den sagenumwobenen »Tanz der Riesen« kennen wir heute als Stonehenge. Diese große kultische Anlage, so können wir es in Geoffreys Erzählung nachlesen, ist in Irland von Riesen erschaffen und mittels der Magie von Merlin in die Ebene von Salisbury transportiert worden. Archäologische Forschungen haben ergeben, dass es sich bei der wundersamen Steinkreisanlage tatsächlich um eine prähistorische Kult- und Begräbnisstätte handelt.

Nach Uthers Tod versammeln sich in Geoffreys Erzählung die britannischen Anführer und bestimmen Artus zu ihrem König. Geoffrey preist diesen in den höchsten Tönen und erzählt von da an ausführlich über dessen Schlachten und Werdegang. »Arthur war zu der Zeit fünfzehn Jahre alt, aber einen Jüngling von solch unvergleichlichem Mut und Großzügigkeit, verbunden mit solch einer Anmut des Gemüts und von angeborener Güte, die ihn umfassende Liebe gewinnen ließ.«

Mit seinem Schwert Caliburn – wie Excalibur bei Geoffrey heißt –, das auf der Insel Avalon geschmiedet worden ist, und seiner Lanze Ron verteidigt er das Land mutig und erfolgreich gegen die Sachsen, besiegt die Iren, Schotten und Pikten, erobert Irland und Island und heiratet die schöne Guanhumara, eine Tochter aus einer edlen römischen Familie, die schönste aller Frauen der Britischen Inseln – bei späteren Autoren wird sie Guinevere heißen. Anschließend bricht eine lange friedvolle Zeit ein, die bis zum Tod des sagenhaften Herrschers andauern soll.

Der irdische Tod des Königs

Während eines festlichen Turniers erscheinen plötzlich zwölf vornehm gekleidete Botschafter aus Rom und überbringen ein Schreiben von Lucius, dem Prokurator des Römischen Imperiums, in welchem dieser Artus vorwirft, sich unrechtmäßig des Landes bemächtigt zu haben. Er fordert den ausstehenden Tribut und Artus soll umgehend

Der verwundete König. Grafik von Joseph Noel Paton.

in Rom erscheinen, um diesen zu entrichten und sich der römischen Herrschaft zu unterwerfen. Artus denkt nicht daran, dieser Aufforderung Folge zu leisten.

Stattdessen verlangt er seinerseits Tribut vom Römischen Reich. Er versammelt seine keltischen Kämpfer um sich und zieht gegen Rom. Guanhumara lässt er in der Obhut seines Neffen Mordred zurück. Ein schwerwiegender Fehler, wie sich später herausstellen wird.

Als Artus auf dem Kontinent in Gallien gegen Lucius und dessen Truppen kämpft und diese nach langen Gefechten besiegt, um anschließend Richtung Rom zu ziehen, vernimmt er kurz vor der Überquerung der Alpen die Nachricht aus Britannien, dass seine geliebte Frau ihn mit seinem eigenen Neffen Mordred betrogen und dieser die Krone an sich gerissen habe.

Wutentbrannt kehrt Artus nach England zurück, wo sich Mordred, die Gefahr witternd, die Unterstützung der feindlichen Sachsen gesichert hat. Es kommt zu einem Bürgerkrieg und in der letzten Schlacht, in der auch Mordred und viele edle Rittern fallen, wird Artus tödlich verletzt. Man bringt ihn auf die Insel Avalon in die Anderswelt, damit er dort von seinen Wunden genesen kann. Artus übergibt die Krone »seinem Sippenmann Konstantin, dem Sohn von Cador, Herzog von Cornwall im fünfhundertzweiundvierzigsten Jahr der Fleischwerdung unseres Herrn.«

Soweit nun die Geschichte bei Geoffrey of Monmouth. Bei ihm lesen wir nichts von einem Gral und auch nichts von der Tafelrunde. Ein aus einem Stein oder Amboss gezogenes Schwert findet ebenso wenig Erwähnung und Artus' Schwert heißt bei Geoffrey nicht Excalibur, sondern Calibum. Wie ist das zu erklären?

Nun, dies ist die erste literarische Ursprungsgeschichte der Artuserzählung. In den folgenden Jahrzehnten wurde der Stoff weitererzählt und -gesponnen, ausgeschmückt und verändert. Doch das Wichtigste ist: Er verließ die Britischen Inseln und erreichte den Kontinent.

Artus in Frankreich

In Frankreich greift ein junger anglonormannischer Poet mit Namen Robert Wace (südnormannisch auch Guace oder französisch Gaice genannt) den Artusstoff auf. Um 1100 auf der Kanalinsel Jersey geboren, stand Wace dem Hause Plantagenet sehr nah und war bekannt mit Henry II., Herzog der Normandie und Aquitanien und von 1154 bis 1189 König von England, sowie mit dessen Frau Eleonore von Aquitanien, einer der einflussreichsten Frauen des Mittelalters. Sie galt als eine der großen Gönnerinnen und Mäzeninnen der Troubadoure.

Ab 1130 schrieb Wace für den französischen Adel Heiligenlegenden, unter anderem über die heilige Margareta und den heiligen Nikolaus. Sein Hauptwerk aber ist der *Roman de Brut*. In Caen, einer der wichtigsten Städte des Herzogtums der Normandie, hatte er die *Historia Regum Britanniae* von Geoffrey of Monmouth gelesen und beschlossen, den Stoff ins Französische zu übersetzen. Dabei gestaltete er ihn um und schuf aus dem bisherigen Prosatext ein in Paarreimen verfasstes Werk der Geschichtschronik.

In rund 15 000 je achtsilbigen Versen übertrug er Geoffreys Schrift jedoch nicht einfach ins Französische, sondern kürzte die Passagen der ausführlich geschilderten Schlachten und erweiterte die Geschichte dafür an anderen Stellen, fügte insbesondere in der Artuserzählung neue Elemente hinzu und schmückte den Stoff weiter aus.

Der *Roman de Brut* wurde ein »Bestseller«, zumindest für damalige Verhältnisse. Denn es erschienen so viele Abschriften davon, dass bis heute insgesamt 32 Handschriftenexemplare komplett oder in Fragmenten erhalten geblieben sind.

Bei Wace erblickte die Tafelrunde das Licht der literarischen Welt. Nur die edelsten Ritter dürfen an ihr Platz nehmen. Artus wählt sie selbst aus, er holt die besten und berühmtesten Männer aus aller Welt an seinen Hof. Dieser erhält nun von Wace seinen wohlklingenden, legendären Namen: Camelot.

Tausende von Historikern und Spurensuchern vergangener und heutiger Zeiten machten und machen sich auf den Weg, um das sagenhafte Schloss oder zumindest dessen Überreste in der realen Welt zu finden. Auf einem hohen Berg gelegen – was recht untypisch ist, betrachtet man die englischen Landschaftsverhältnisse – ist Camelot uneinnehmbar, dennoch groß genug, um all die Feste, Turniere, Gerichtshöfe und Feierlichkeiten abzuhalten, die in der Dichtung erwähnt werden.

Die Größe der Tafel schwankt: Waren es zunächst nur zwölf Ritter, die an ihr Platz fanden, so werden es in den folgenden Ausschmücken immer mehr – 24, 150, 240 bis hin zu 1 600 Rittern, wie uns der angelsächsische Dichter Layamon, ein weiterer Verfasser der Artuslegende, um 1200 in seinem *Brut,* einer in 320 000 Versen in mittelenglischer Sprache geschriebenen Geschichte Britanniens, mitteilt. Er bezeichnet sich selbst darin als Priester und besingt die englische Geschichte ausgehend vom Untergang Trojas bis zum Tod des letzten britannischen Königs Cædwallas im siebten Jahrhundert. Die Grundlage seines Epos ist vermutlich das französischsprachige Werk von Robert Wace.

Doch zurück zur Tafelrunde. Hier ist nun endlich der gemeinsame Platz, an dem sich die berühmtesten und edelsten Ritter aus aller Welt, von denen in den folgenden Jahrhunderten immer wieder die Rede sein wird, versammeln können.

Die runde Tafel

Die Tafel war rund und hatte damit keinen »Kopf«, also keinen Platz, an dem der Herr, das Oberhaupt, saß, wie es sonst üblich war. Jeder konnte jedem direkt ins Gesicht schauen, kein Platz war erhöhter als ein anderer – nahezu das Abbild einer demokratischen Gemeinschaft, bei der der König ein Gleicher unter Gleichen war. Die angeblich historische Tischplatte ist heute in der Kathedrale von Winchester zu besichtigen. Allerdings wurde diese Tafel erst im 13. Jahrhundert geschaffen, wie uns der englische Archäologe und Mittelalterforscher Martin Biddle, der sie in den 1970er-Jahren erforscht hat, berichtet.

Ursprünglich war sie nicht bemalt gewesen, doch hatte Henry VIII. die Tafel rund 300 Jahre nach ihrer Fertigung kunstvoll ausschmücken lassen, natürlich mit seinem Bildnis als König in der Mitte der weiß-roten Rose, dem Symbol der Tudors. An dieser Tafel haben 24 Gäste Platz gefunden. Henry ließ die Namen der einzelnen Ritter aufmalen: Galahad, Lancelot, Gawain, Parzival, Tristan, Gareth, Bedivere, Bleoberis, La Cote Male Taile, Luxan, Palomedes, Lamorak, Bors of Ganis, Safer, Pelleas, Kay, Ecotr, Dagonet, Degore, Brumear, Lybyus Dysconyus, Alynore und Mordred.

Artusfestspiele und prächtige Gelage waren neben den Frauen Henrys große Leidenschaft. Er veranstaltete Ritterturniere, bei denen jeder Gast eine Rolle zu spielen hatte, und am Ende nahmen die buntgekleideten Edelleute an der Tafel an dem für sie bestimmten Ort Platz. Winchester erhebt seitdem, wie auch noch viele andere Orte, den Anspruch, das sagenhafte Camelot zu sein.

Nach Wace trat noch ein weiterer, bekannterer französischer Romancier der Artussage auf den Plan: Chrétien de Troyes. Gleich fünf Romane über den sagenhaften König und seine kühnen Recken verfasste er und begründete damit eine neue literarische Gattung, den höfischen Roman. Seine Lebensdaten und seine Herkunft liegen im Dunkel der Geschichte, wenig ist über ihn bekannt. Geboren wurde er um das Jahr 1140. Seinem Namen nach zu urteilen stammte er aus Troyes, dem Zentrum der gleichnamigen Grafschaft, die zudem Residenz der Grafen der Champagne war.

Allerdings wissen wir von dieser Herkunft lediglich aus seinem Roman *Érec et Énide,* da er sich dort als aus Troyes stammend bezeichnet. Auch lässt der Umstand, dass die Auftraggeberin des *Lancelot* Marie de Champagne, die Mutter Henrys II., war, darauf schließen, dass Chrétien de Troyes diesem Hof sehr nahestand. Marie war wie ihre Mutter Éléonore d'Aquitaine eine literaturbegeisterte, großzügige Frau; sie war es auch, die laut Chrétiens eigenen ausdrücklichen Bekundungen Einfluss auf die Darstellung der unglücklichen Liebesverbindung zwischen Lancelot und Guinevere hatte.

Denn bei Chrétien ist es Lancelot, nicht Mordred – wie zuvor bei Geoffrey–, der die Schöne begehrt. Chrétien verfasste, wie bereits erwähnt, insgesamt fünf

Werke, neben *Érec et Énide* (um 1176), *Cligès* (um 1176), *Lancelot* (um 1177–81) und *Iwain* (ebenfalls um diesen Zeitraum) den zwischen 1182 und 1191 entstandenen *Le Conte du Graal ou Le roman de Perceval,* die älteste bekannte Gralserzählung, die leider vermutlich aufgrund des Todes des Dichters oder auch seines Auftraggebers unvollendet blieb und abrupt nach 9234 Versen abbricht.

Manche Literaturforscher vermuten, dass Chrétien seinen Auftraggeber auf einen Kreuzzug ins Heilige Land begleitet und dort auch sein Ende gefunden habe. Sein *Perceval* wurde von unbekannten Autoren in verschiedenen Versionen fortgesetzt. Gewidmet ist sein Werk dem Kreuzfahrer Philipp von Elsass, dem Grafen von Flandern, der zu diesem Zeitpunkt wohl der Förderer und Auftraggeber Chrétiens war. Betrachten wir dieses Werk einmal näher.

Parzivals Abenteuer

In einem Waldgebiet lebt eine Mutter mit ihrem namenlosen Sohn, weit weg vom höfischen Leben und vor allem vom ruhmreichen Rittertum. Sie will ihn damit vor dem Schicksal seines Vaters und seiner ihm unbekannten Brüder bewahren, die auf der Jagd nach Ruhm und Ehre als ebensolche Ritter ihr Leben verloren haben. Parzival, so wird man den Knaben später nennen, weiß von alledem nichts. Eines Tages trifft der Junge bei der Jagd im Wald fünf Ritter in strahlenden Rüstungen. Völlig fasziniert von ihrer Erscheinung hält er sie für göttliche Wesen.

Als sie ihm freundlich erklären, wer sie sind und was das Rittertum bedeutet, hat Parzival fortan nur noch einen Wunsch: Er will ebenfalls ein Ritter werden und natürlich an den Hof von König Artus reiten. Darum verlässt er seine Mutter. Diese versucht nun in aller Eile, ihm noch die wichtigsten Ratschläge mit auf den Weg zu geben. So belehrt sie ihn kurz und knapp über Religion, wie man mit Damen umzugehen hat und auch über eine gewisse höfische Zurückhaltung. Im Verlauf der weiteren Geschichte wird deutlich, wie falsch Parzival diese Verhaltensregeln verstanden hat und wie naiv, unwissend und dumm er sich zunächst benimmt.

Er trifft auf eine junge Frau, der er in seinem jugendlichen Leichtsinn einen Kuss gibt und einen Ring abnimmt, sehr zum Missfallen ihres Geliebten. Am Artushof angekommen, wird Parzival zunächst ob seiner Erscheinung und seiner Forderung, zum Ritter geschlagen zu werden, heftig verspottet. Die übliche Ausbildung zum Ritter dauert ihm zu lange, ungeduldig verlässt er den Hof wieder. Er trifft auf einen Ritter in strahlender roter Rüstung, welcher ein Gegner der Tafelrunde ist; kurz zuvor hat er dort die goldene Trinkschale des Königs entwendet. Mit einem gezielten Speerwurf tötet Parzival in voller Absicht den Ritter und bemächtigt sich umgehend seiner Rüstung.

Er möchte ein Kämpfer werden und das auf dem schnellsten Wege. Ein Knappe, der den Kampf beobachtet hat, muss ihm in die Rüstung helfen und wird von ihm anschließend mit der Botschaft an den Hof des Königs geschickt, dass er sich für die erlittenen Schmähungen rächen werde. Parzival reitet aber in die falsche Richtung und gelangt zum Ritter Gornemant von Goort, von dem er jetzt tatsächlich eine ritterliche Ausbildung erhält. Er lernt schnell und sein innigster Wunsch geht in Erfüllung. Von Gornemant bekommt er den Ratschlag »Wer zu viel spricht, der sündigt«, den er allzu genau nimmt.

Danach nimmt Parzival Abschied von Gornemant und begibt sich auf Abenteuerreise. Auf seiner Wanderschaft erreicht er eine halbverfallene Burg. Diese wird von den Soldaten eines ungebetenen Verehrers belagert und die Burgherrin, die schöne Blancheflor, hat nur wenige Männer zur Verteidigung gegen die aufdringlichen Widersacher zur Verfügung. Sie gewährt Lancelot Quartier.

Eines Nachts schleicht Blancheflor in das Schlafzimmer ihres Gastes. Dieser aber bleibt, Gornemants Rat und seiner Mutter Weisung folgend, schweigsam und verhält sich zurückhaltend. Blancheflor bittet ihn um Hilfe und er fordert als Gegenleistung ihre Liebe. Am nächsten Tag besiegt er die Belagerer.

Statt jedoch seine Belohnung für die Befreiung aus der Not entgegenzunehmen, erinnert sich Parzival an seine Mutter, beschließt diese aufzusuchen und verlässt Blancheflor mit dem Versprechen, schon bald zu ihr zurückzukehren. Allerdings kommt es ihm dann überhaupt nicht in den Sinn, den Weg in den verlassenen Wald zu beschreiten, in dem seine Mutter lebt. Stattdessen zieht er weiter auf der Suche nach neuen Abenteuern. Schließlich gelangt er an einen reißenden Fluss, den er ohne Hilfe nicht überqueren kann. Er fragt zwei Fischer nach einer Brücke oder einer Furt, erfährt jedoch, dass es weit und breit keine Möglichkeit gibt, über das Wasser zu gelangen.

Einer der Fischer lädt ihn ein, für die Nacht sein Gast zu sein. Er weist ihm den Weg und Parzival erreicht eine gewaltige Burg mitten in einem Tal, die Gralsburg. Man nimmt ihn dort freundlich auf, bittet ihn, seine Waffen abzulegen, und führt sein Pferd in den Stall. Der Besucher ist von der Burg und ihrer Pracht fasziniert und verhält sich ganz so, wie seine Mutter und auch sein Lehrmeister es ihm geraten haben.

In einem riesigen Saal nimmt er neben dem Herrn der Burg Platz. Dieser liegt auf einem Bett und Parzival erkennt, dass er verletzt ist. Ein Knappe bringt ein kostbares Schwert herein und der Burgherr überreicht es Parzival mit den Worten: »Es ist für dich bestimmt.« Nun beginnt eine eigenartige Prozession. Eine weiße Lanze wird her-

Der junge Held erreicht die geheimnisvolle Gralsburg. Zeichnung von Lancelot Speed.

eingetragen, aus deren Spitze ein Blutstropfen quillt, der den Schaft bis zur Hand des sie tragenden Knappen entlangläuft. Parzival ist verwirrt. Starr vor Staunen, traut er sich nicht, eine Frage nach dieser merkwürdigen Lanze zu stellen.

Nun folgen zwei weitere Knappen mit goldenen Kerzenleuchtern sowie ein prachtvoll gekleidetes junges Mädchen, das einen mit Edelsteinen besetzten Gral aus purpurnem Gold trägt. Was aber hat es nun mit diesem Gral auf sich? »Als sie mit diesem in die Halle getreten war, da verbreitete sich dort eine so strahlende Helligkeit, dass die Kerzen ihren Glanz verloren, ebenso wie es die Sterne oder der Mond tun, wenn sich die Sonne erhebt«, so schreibt Chrétien. Dem ersten Mädchen, das den Gral in Händen hält, folgt ein zweites, das eine silberne Platte trägt. Die Prozession durchquert den Saal und entschwindet in einen anderen Raum. Und auch hier fragt unser Held nicht, wen und was er da gerade gesehen hat.

Anschließend berichtet Chrétien von einem üppigen Mahl, welches dem Burgherrn und seinem Gast auf einem breiten Tisch aus Elfenbein serviert wird. Während sie essen, wiederholt sich bei jedem weiteren Gang die seltsame Prozession. Und obwohl Parzival neugierig ist, fragt er weder, was es mit dem Gral auf sich habe, noch an welcher Wunde oder Krankheit sein Gastgeber leide. Als sich dieser für die Nacht verabschiedet und erneut darauf hinweist, dass er nicht selbst gehen kann, sondern getragen werden muss, verliert Parzival darüber kein Wort. Er wagt es nicht nachzufragen, sondern nimmt sich dies für den nächsten Tag vor.

Als Parzival bei Tagesanbruch erwacht, findet er die Burg jedoch verlassen vor. Die Türen zu den Gemächern sind alle verschlossen. So laut er auch ruft, niemand antwortet. Das Ausgangstor ist geöffnet und so bleibt ihm nichts anderes übrig, als die Burg ohne ein weiteres Wort und vor allem ohne überhaupt noch eine Frage stellen zu können, wieder zu verlassen. Die Zugbrücke ist heruntergelassen, aber niemand steht davor, den er nach der blutenden Lanze und dem Gral hätte fragen können. Wie von Geisterhand wird die Zugbrücke hochgezogen, nachdem Parzival mit seinem Pferd darüber geritten ist. Und auch jetzt hilft ihm sein Rufen nicht, denn niemand antwortet ihm. Er findet Pferdespuren und folgt ihnen.

Dabei kommt er an einer jungen Frau vorbei, die weinend auf dem Boden sitzt und voller Trauer einen toten Ritter in ihren Armen hält. Sie ist erstaunt über sein Erscheinen, da ja weit und breit außer der Gralsburg keine weitere Unterkunft vorhanden ist. Sie klärt ihn darüber auf, an welch seltsamem Ort er die Nacht verbracht hat. Anschließend findet Parzival den Weg zum Artushof. Dort erscheint eine Frau und beschuldigt ihn in aller Öffentlichkeit, die entscheidende Frage danach, woran der König leide und wem der Gral diene, nicht gestellt und damit das Leiden des Königs nicht beendet zu haben. Dieser wurde nämlich in einer Schlacht so stark verwundet, dass er das Land nicht mehr richtig regieren oder es an der Spitze seiner Ritter vor eindringenden Feinden schützen kann. Parzival ist tief erschüttert ob der Nachricht der

Gralsbotin und schwört, den Gral zu suchen und den verletzten König von seinem Leiden zu erlösen.

Es vergehen fünf Jahre, während derer Parzival die Gralsburg vergebens sucht und sich in Zweikämpfen bewähren muss. Es ist eine Zeit des Strebens nach Ruhm, aber auch einer nicht enden wollenden Suche nach Erfüllung. Und so gelangt er schließlich an einem Karfreitag voller Gewissensqualen zu einem Einsiedler. Vor diesem fällt er auf die Knie, bittet um Vergebung, weil er auf den langen Wegen seine religiöse Überzeugung verloren hat, und erzählt dem Eremiten von seiner Begegnung in der Gralsburg.

Da erhält er von diesem Aufschluss über erstaunliche familiäre Zusammenhänge: Der Eremit ist sein eigener Onkel, der Bruder seiner Mutter und zugleich auch des verwundeten Königs. Dieser wird nur durch die Macht des Grals am Leben erhalten und auch nur von diesem erhält er Nahrung. »Doch glaube nicht, er bekomme Hecht, Lamprete oder Salm. Eine einzige Hostie reicht man ihm, die im Gral zu ihm getragen wird. Sie hält ihn am Leben und stärkt ihn – so geheiligt ist der Gral.«

Der bisher im Roman fehlende Bezug zur Heiligkeit des Grals wird nun deutlich. Auch wenn dessen Herkunft unausgesprochen bleibt, kommt jetzt seine Kraft ans Licht: Der Gral ist lebensspendend. Und hier beginnt der Mythos von seiner heilenden Wirkung.

Ideale zur Orientierung

Zur Zeit der Kreuzzüge befand sich Europa in einer Krise. Es war absehbar, dass der Kampf um das Heilige Land nicht gewonnen werden konnte. Man brauchte einen Mythos, mit dem man sich in Zeiten des Umbruchs identifizieren konnte. Vor allem Adel und Rittertum benötigten Ideale zur Orientierung. In den Romanen waren die ursprünglich keltischen Krieger zu Rittern mit höfischem Benehmen geworden. Die Plätze der Feen wurden von edlen Damen eingenommen. Dennoch blieben viele Elemente aus der keltischen Sagenwelt erhalten.

In der Mythologie spielten heilige Gefäße eine große Rolle. Wer daraus trank, dem war das ewige Leben gewiss. Ein weiterer Kult führte dazu, dass auch in späteren Zeiten die großartige Kunst der keltischen Kultur bewundert werden konnte:

In zahlreichen Gewässern wurden Gefäße und Schwerter gefunden, die man dort rituell versenkt hatte. Man glaubte, dass derjenige, der der Anderswelt einen im Wasser versunkenen Gegenstand entriss, auch den Tod überwinde. Heimkehrende Kreuzritter brachten aus dem Orient Reliquien mit, die überall hoch verehrt wurden.

Zu Beginn dieses Buches erwähnten wir, dass manche alten keltischen Sagen dynamisch sind, dass sie sich über die Jahrhunderte weiterentwickelt haben und auf Wanderschaft gegangen sind. Hier haben wir ein Beispiel dafür. Denn lange glaubte man, dass Chrétien de Troyes der Verfasser der ursprünglichen Artus- und Gralsgeschichte gewesen sei und sich alle späteren Autoren mehr oder weniger stark an ihn angelehnt hätten. Allerdings nennt der deutsche Dichter Wolfram von Eschenbach eine andere Hauptvorlage: Ddas Buch eines Autors namens Kyot.

Wolfram betont, dass Chrétien von der Ursprungsversion abgewichen sei, und geht detaillierter auf den »Urparzival« ein. Bei Kyot seien die Vorbilder keine keltischen Krieger, sondern die herrschenden spanischen Familien des 12. Jahrhunderts. Der kranke Gralskönig stünde demnach für die Person des Königs von Aragón und Navarra, Alfonso I. In Urkunden, die damals in lateinischer Sprache verfasst wurden, wird dieser Anfortius genannt, was stark an den Anfortas bei Wolfram erinnert. Alfons war verwandt mit Hugo von Payens, dem Gründer des Templerordens, und vererbte diesem ein Drittel seines Landbesitzes.

Wolfram von Eschenbach bezeichnete die Gralsritter als *Templeise* und gab damit einen deutlichen Hinweis auf die Beteiligung der Templer an der Gralsgeschichte. Nach einer schweren Verletzung starb Alfonso/Anfortius 1134 in der Klosterburg San Juan de la Peña. Dies erinnert an die Artuslegende. Der Schwiegersohn von Alfonsos Bruder Ramiro I., seinem Nachfolger auf dem Thron, Ramón Berenguer IV., der Herrscher von Katalonien, wird von Wolfram »Kyot von Katelangen« genannt und soll Chrétien de Troyes die Vorlage des Gralsromans übergeben haben. Kyot von Katelangen sei aber nicht selbst dessen Verfasser gewesen. Das war Wolfram zufolge »Kyot der Provenzal«. Hinter diesem Namen steckte möglicherweise ein Schreiber der Königin Urraca (der Gemahlin von Alfonso/Anfortas), der »Guiot de Provins« namens Guillén de Narbona.

Historische Vorbilder in Spanien

Liest man die Beschreibungen der Gralsburg von Chrétien und Wolfram, lassen sich Parallelen zur Klosterburg von San Juan de la Peña finden. Wolframs Munsalvaesche liegt ebenso wie die spanische Klosterburg in einem Wald unterhalb eines Sees und auch sonst gibt es Übereinstimmungen. Das Felsenkloster befindet sich an einem der Pilgerwege nach Santiago de Compostela, der Berg oberhalb des Gebäudes heißt Monte Salvador, die okzitanische Bezeichnung dafür ist Mont Sant Salvatge.

Einige moderne Autoren haben nun versucht, auch den anderen Romanhelden historische Vorbilder zuzuweisen. Routrou II., der Graf des Val Perche, ein Vetter des Königs, stehe demnach für Parzival (Val Perche – Perche Val). Interessant ist zudem, dass Routrou mit der unehelichen Tochter von König Henry I. von England verheiratet war. Sein Schwager, Graf Robert of Gloucester, der auch der Herr von Caen in der Normandie war, wird als der Hauptauftraggeber für die Niederschrift der *Historia Regum Britanniae* von Geoffrey of Monmouth angesehen. Hier schließt sich also der Kreis.

Im Stadtarchiv von Barcelona existiert eine Urkunde aus dem Jahr 1399. Sie berichtet von einem Geschenk, das dem damaligen König Martín gemacht wurde. Es handelt sich um den schon erwähnten Santo Cáliz, den heiligen Kelch, der seit dem Jahr 1076 bis eben 1399 in dem Kloster San Juan de la Peña aufbewahrt wurde. Wir können davon ausgehen, dass die Autoren jener Zeit genau über Geschichte und Aufenthaltsort des Objektes Bescheid wussten. Heute wird es, wie schon erwähnt, als Gral in der Kathedrale von Valencia verehrt.

Es gibt allerdings Unterschiede in der Darstellung des Grals bei Chrétien und Wolfram. Ersterer schreibt von einer strahlenden Schale, Letzterer von einem sehr reinen Edelstein. Wir müssen deshalb noch einmal genauer hinschauen. Archäologische Untersuchungen ergaben, dass die Achatschale des Santo Cáliz, die durchscheinend ist, zwischen dem vierten Jahrhundert vor und dem ersten Jahrhundert nach Christus hergestellt wurde. Ein goldener Stiel aus dem zwölften Jahrhundert verbindet sie heute mit einem ebenfalls durchscheinenden Sockel aus Onyx. Man kann also durchaus sowohl von einer Schale als auch von einem Stein sprechen.

Obwohl die Autoren des zwölften Jahrhunderts Artus und seine Mannen als kühne Ritter in glänzenden Rüstungen zeichneten, müssen wir uns im historischen Rückblick den König und sein Gefolge als eine Schar keltischer Krieger vorstellen, nur spärlich bekleidet und mit Lanzen und dicken Holzschilden in den Kampf ziehend.

Artus als Garant für Legitimationsansprüche

Es ist sicherlich legitim zu fragen, wieso einem keltischen Anführer 600 Jahre nach seinem Tod so ein enormes Maß an Aufmerksamkeit zuteilwurde. Wohl weniger aufgrund seiner Heldentaten. Es muss einen anderen Grund gegeben haben. Und dieser liegt auf der Hand: Artus wurde gezielt benutzt. Nach der Schlacht bei Hastings im Jahr 1066 schwangen sich die Normannen zu den neuen Herrschern in Britannien auf. Eine Methode, derer man sich in der Menschheitsgeschichte gern bediente, um einen Machtanspruch zu legitimieren, bestand darin zu behaupten, von einem ehemaligen König des Landes abzustammen. Artus bot sich insofern an, als man davon ausging, dass seine Familie im fünften Jahrhundert vor den Sachsen in die Normandie geflohen und er einer der direkten Vorfahren Williams des Eroberers sei, des Siegers von Hastings. Zwar gab es in der Normandie keinerlei Artusüberlieferungen, wohl aber in der Bretagne und die lag ja mehr oder weniger in der Nachbarschaft.

Die Artusdichtungen schöpften viel aus den aus keltischer Zeit stammenden Überlieferungen. Bei den Kelten hatten die Barden eine wichtige Funktion inne, sie bewahrten die Stammesgeschichte. Ihre Dichtungen enthielten neben genealogischen Elementen die gesammelten Heldentaten der Vorfahren und verankerten damit die Menschen in der Mythologie der eigenen Sippe.

Chrétien de Troyes stand zwar in der Tradition der Barden, seine Zielgruppe war aber nicht der einzelne Stamm, sondern das Königreich, das seine Identität aus dem Mythischen bezog. Bei ihm stand kein regionales Oberhaupt im Mittelpunkt, sondern Artus als Anführer eines großen Königreichs. Und so wurde aus einem alten keltischen Mythos eine ganz große Geschichte gemacht.

Literatur

Berresford Ellis, Peter: The Mammoth Book of Celtic Myths and Legends, London 2002
Bonin, Felix von: Kleines Handlexikon der Märchensymbolik, Stuttgart 2001
Botheroyd, Sylvia und Botheroyd, Paul: Keltische Mythologie von A–Z, Kreuzlingen/München 1991
Drewermann, Eugen: Frau Holle, Düsseldorf 2003
Frey, Dieter (Hrsg.): Psychologie der Märchen, Berlin 2017
Fromm, Erich: Märchen, Mythen, Träume, Hamburg 2017
Jacobs, Joseph: Favorite celtic Fairy Tales, London 1994
Jacoby, Edmund: 50 Klassiker – Mythen und Sagen des Nordens, Köln 2017
Jung, Carl Gustav: Archetypen, Urbilder und Wirkkräfte des kollektiven Unbewussten, Ostfildern 2018
Kluge, Friedrich und Mitzka, Walther: Etymologisches Wörterbuch der deutschen Sprache, Berlin 1975
Krämer, Claus: Kleine Keltenkunde, Rheinbach 2013
Krämer, Claus: Die Heilkunst der Kelten, Darmstadt 2015
Krämer, Jörg-Wolf und Krämer, Claus: Der Heilige Gral, Rheinbach 2015
Lenz, Friedel: Bildsprache der Märchen, Stuttgart 1997
Mallet, Carl-Heinz: ... und rissen der schönen Jungfrau die Kleider vom Leib – Männlichkeitsmodelle im Märchen, Solothurn/Düsseldorf 1995
Müller, Paul Emanuel: Märchen zeigen Wege, Kreuzlingen 1996
Rackham, Arthur: The Arthur Rackham Fairy Book, London 1933
Rohrecker, Georg: Druiden, wilde Frauen, Andersweltfürsten, Wien 2002
The Reader's Digest Associaton: Folklore, Myths and Legends of Britain, London 1973

Bildnachweis

Werke von James Archer, John Dickson Batten, Aubrey Beardsley, Gabriel Beranger, Nils Blommér, Edward Burne-Jones, Gaston Bussière, Edward Farr, Ernst Albert Fischer-Cörlin, Johann Heinrich Füssli, Arthur Hacker, Franz Hein, Villard de Honnecourt, Charles Knight, Claus Krämer, Joseph Martin Kronheim, Évariste-Vital Luminais, Henrietta Elizabeth Marshall, Harold Robert Millar, Bernard de Montfaucon, Joseph Noel Paton, Howard Pyle, Arthur Rackham, Stephen Reid, Bernhard Rode, Dante Gabriel Rossetti, Lionel Royer, Martin Schongauer, Lancelot Speed, William Stukeley, Hermann Vogel, William Frederick Wakeman, John William Waterhouse und W. Williams.

Bildquellen: Archiv des Autors. Sämtliche Abbildungen in diesem Werk sind gemeinfrei.